MES INCONNUS CHEZ EUX

★

MON AMIE FATOU

CITADINE

PAR

LUCIE COUSTURIER

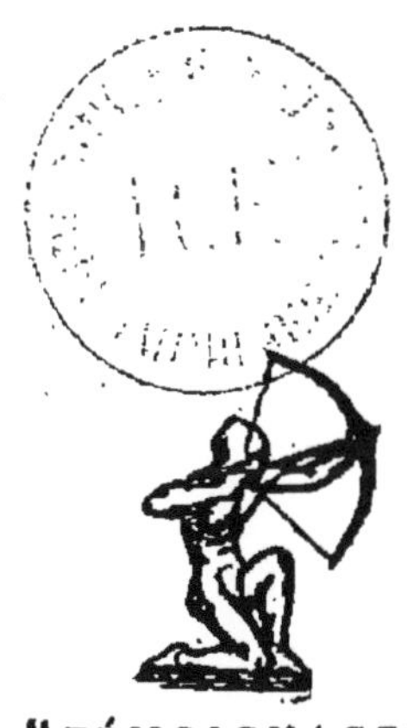

"TÉMOIGNAGES"

F. RIEDER ET Cie, ÉDITEURS

7, PLACE SAINT-SULPICE, 7 — PARIS-VIe

Troisième édition

MES INCONNUS CHEZ EUX

MON AMIE FATOU

CITADINE

DU MÊME AUTEUR

DES INCONNUS CHEZ MOI
(Un volume. La sirène, Crès).

LUCIE COUSTURIER

MES INCONNUS CHEZ EUX

MON AMIE FATOU

CITADINE

TROISIÈME ÉDITION

F. RIEDER ET Cie, ÉDITEURS
7, PLACE SAINT-SULPICE, 7
PARIS
MCMXXV

IL A ÉTÉ TIRÉ DE CET OUVRAGE 300 EXEMPLAIRES SUR HOLLANDE DES PAPETERIES MONTGOLFIER, D'ANNONAY, NUMÉROTÉS DE 1 A 300.
CES VOLUMES CONSTITUANT L'ÉDITION ORIGINALE.

ET 15 EXEMPLAIRES SUR HOLLANDE DES PAPETERIES MONTGOLFIER, D'ANNONAY, EXEMPLAIRES HORS-COMMERCE, NUMÉROTÉS DE A A O.

DEUX RÉPONSES

A M. X***
fonctionnaire colonial en A. O. F.

Monsieur,

Louant un administrateur français, j'ai dit dans un fragment déjà publié de cet ouvrage : « Ce capitaine agile et enjoué, ces Toma confiants, nouveau-nés à la domination française, cela me rappelle, observé ailleurs, un spectacle étrange et touchant d'innocence. C'était, en France, dans une ferme, au milieu d'un clapier, une pigeonne blanche qui couvait des lapereaux gris. »

Ce petit trait d'histoire naturelle vous a paru invraisemblable en soi et intentionnellement injurieux envers la colonisation. Cependant, je n'ai jamais été plus que là véridique et exempte d'arrière-pensée. Je respecte et prise au plus haut degré l'enseignement donné par les bêtes. Dans cette pauvre étable où je me rendais, vivaient en étroit contact, pigeons, lapins, volailles, plus une chatte et tous leurs enfants. Les poules pourtant si bornées, laissaient les lapins partager la ration de petit mil avec leurs poussins. Le bébé chat suçait alternativement le pis de sa mère et celui d'une lapine ; les lapereaux ceux de la chatte et de leur maman ; et tous ces nourrissons goûtaient en outre la chaleur des ailes d'une pigeonne qui, privée trop vite de ses pigeonneaux, était descendue de son nid accroché au mur pour adopter le terrier informe de ses fils adoptifs.

Qu'est cela sinon le spectacle le plus beau qui se puisse voir d'une défaite des intérêts, — non pas seulement de classe et de race, — mais d'espèce même? Et qu'ai-je fait, sinon honorer, en l'y rattachant, la forme de colonisation que j'avais à peindre?

Les artistes accrédités qui conçoivent et réalisent nos monuments publics et les vignettes de nos billets de banque allègueront qu'une pigeonne couvant des lapereaux est un symbole de fécondité moins clair qu'une mère allaitant ses propres enfants. Moi, j'ai l'opinion inverse. De quelle nature est, en effet, le problème d'une colonisation féconde? De nature économique? Nullement. Il est de nature toute spirituelle. Il s'agit de créer entre des éléments dissemblables, les dominateurs et les dominés, des relations qui n'avilissent, qui ne ruinent moralement ni les uns ni les autres. Or, quand le clair génie français eut à trancher le plus hideux des conflits sociaux entre forts et faibles, le conflit des sexes, il le trancha habilement par la galanterie, car, estima-t-il, puisqu'un homme qui maltraite une femme se diminue plus encore qu'il ne la réduit elle-même, il lui sera plus profitable de la vénérer comme une sorte de déité que de la battre. C'est pour cela que Louis XIV qui savait gouverner, saluait ses femmes de chambre.

Puisque vous convenez que nous arrivons à un « tournant de notre histoire coloniale », ne serait-il pas d'habile politique, de reprendre, au profit de l'Afrique et de notre prestige, nos gracieuses traditions ? D'après elles, l'amour et le respect se doivent à l'âge comme au sexe ; nous les devons donc aux Noirs, nos aînés...

Il faudra, certes, à un bon nombre de nos coloniaux quelques mois de forte éducation avant qu'ils sachent, acquis à ces principes, saluer un Noir les premiers, lui abandonner leur siège, effacer devant lui leurs personnes, leurs appétits, leurs hâtes, par de gracieux : « après vous... » Mais le bénéfice en sera si grand pour leurs âmes !

Recevez, Monsieur, l'assurance de mes sentiments distingués

L. C.

A M. Moussa A.
fonctionnaire indigène en A. O. F.

Monsieur,

Il est vrai que dans le rapport sur ma mission en A. O. F. que j'ai eu l'honneur de remettre à M. le ministre des Colonies, rapport qu'un journal a publié récemment, j'ai parlé du « suicide des Noirs » ce qui vous incite à me reprocher de désespérer de l'avenir de votre race.

Aujourd'hui contre ce pessimisme qui vous a attristé ainsi peut-être qu'un certain nombre de vos congénères, j'ai une bonne nouvelle à vous annoncer. Je viens d'échanger mes impressions sur l'Afrique et ses habitants avec Mme X..., femme d'un administrateur colonial en congé, et comme je lui faisais part de mon étonnement concernant la dépréciation de votre race, de la couleur de votre race, par cette race elle-même, mon interlocutrice m'a cité quelques honorables exceptions comme celle-ci :

« Venant du poste éloigné de la brousse qu'occupe « mon mari, raconte-t-elle, je rentrais, la première « en France, pour raisons de famille, lorsque je fus « arrêtée quelques jours sur le bord du fleuve, faute « d'un chaland disponible. Dans le grand village où « je dus faire halte malgré moi, vous pensez bien que « ne me furent pas ménagés les plaisirs que vous con- « naissez : visites, tam-tams, mets et fruits indigènes, « cadeaux. Le vieux chef, selon l'usage, venait me « rendre visite cérémonieusement les premiers jours « avec les notables, puis simplement les jours sui- « vants avec son plus jeune frère, un très bel homme « qui savait un peu de français. L'après-midi défi- « laient devant moi d'autres personnalités du lieu « et des villages voisins et il m'arrivait très souvent « d'être réveillée la nuit par des courriers porteurs de « présents. À l'arrivée du chaland, mes hôtes me « reconduisirent à proximité de mon nouveau « domicile. Le vieillard ne prit congé qu'à l'extrême « bord de la rive où je lui serrai la main et il donna « l'ordre à son jeune frère d'atteindre à ma suite le « pont du chaland pour aller y vérifier ma bonne « installation. Cette politesse étant accomplie, nous « échangions déjà les paroles de remerciement et « d'adieu lorsque mon gracieux compagnon parut « soudain embarrassé et secoua un peu la tête avec « gravité : « Madame, dit-il, c'est vrai que tu as fait « tout bon pour nous par ta visite et que mon grand « frère ne t'a pas trop dit merci ! Mais nous n'avons « pas fini avec toi la même chose pour te bien recevoir ! « Depuis longtemps que tu as quitté ton mari, tu es

« seule avec les porteurs ; maintenant tu seras seule « encore jusqu'à la mer avec les laptots. Tout le « monde ici t'a donné seulement les salutations, le « poulet, le lait de la vache, le tam-tam comme à notre « mère. Mais tout cela n'est pas assez pour toi... Moi « j'ai pensé beaucoup à te donner aussi de l'amour « qui est le mieux de tout pour une personne qui est « forte comme notre roi... mais tu es restée tous les « jours et toutes les nuits à marcher, à parler avec « tout notre village. Tu étais comme le guerrier qui « a oublié son corps et qui ne connaît plus que ses « yeux et son cœur pour porter ses hommes. Qu'est-« ce que je pouvais faire autre chose qu'attendre? »

La narratrice m'a avoué que dans le trouble où la jetèrent ces adieux-là, il lui fut d'abord impossible de distinguer si la grave et naïve pensée du Noir avait le plus exalté ses sens ou ses sentiments d'esthétique. Mais au cours des jours suivants il sembla parfois avoir emporté hors du groupe des humbles paillotes quelque fabuleuse pièce du trésor d'un Tout-Ank-Amon!

Quant à moi, Monsieur, je me réjouis doublement d'avoir pu citer cet exemple de la pureté et de la noblesse de votre race. Il sera profitable à ceux de vos congénères qui se discréditent en humiliant devant la nôtre, leur couleur. Il leur prouvera en outre ainsi qu'à vous-même que mon pessimisme, critiqué par vous dans ma précédente étude et persistant dans le présent ouvrage, se dissiperait bien facilement devant l'évidence de la dignité noire.

Croyez, Monsieur, à mes sentiments les meilleurs.

L. C.

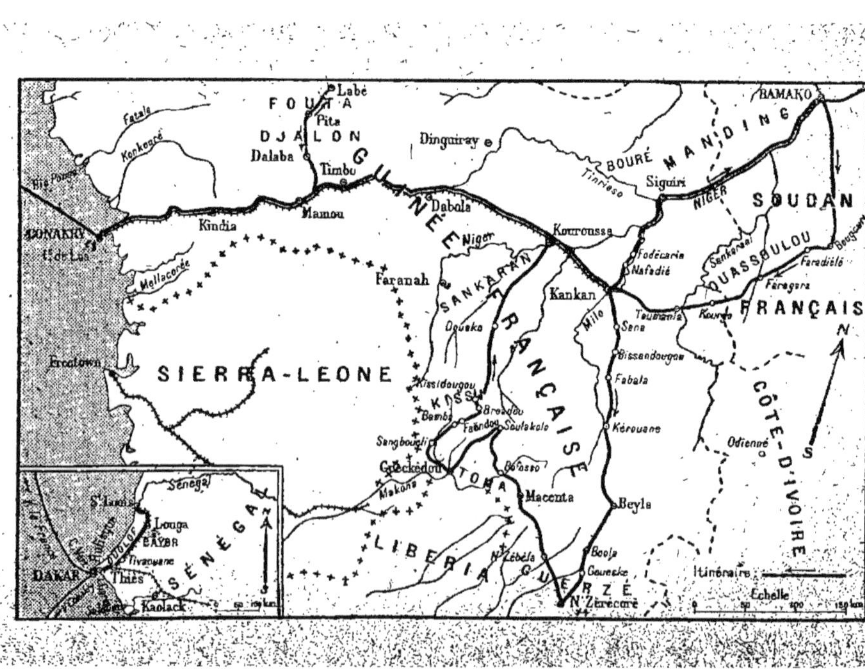

FOUTA
DJALON
Labé
Pita
Dalaba
Timbo
Mamou
Kindia
KONAKRY
Dinguiray
Dabola
GUINÉE FRANÇAISE
BAMAKO
MANDING
BOURÉ
Siguiri
NIGER
SOUDAN
Kouroussa
Niger
Faranah
SANKARAN
Kankan
OUASSOULOU
FRANÇAIS
SIERRA-LEONE
Freetown
Mellacorée
Kissidougou
KISSI
Guéckédou
TOMA
Macenta
LIBERIA
GUERZÉ
N'Zérécoré
Beyla
Kérouane
Bissandougou
Sena
Fabala
CÔTE-D'IVOIRE
Odienné
Itinéraire
Échelle
SÉNÉGAL
Sénégal
St Louis
Louga
DAKAR
Thiès
Tivaouane
Kaolack

Dakar.

13 *octobre* 1921.

L'arrivée à Dakar est gaie. La couleur de Dakar est gaie, même trop. Après les dunes fauves, souples, basses de la Mauritanie, les falaises du cap Vert se dressent guillerettes. Trop de verts, d'orangés, de rouges, de blancs, de noirs émaillent la ville, le port, l'île de Gorée. Cela manque de solennité. Il paraît qu'en saison sèche Dakar est gris et triste ; des pluies récentes l'ont peint en couleurs vives comme un village hollandais.

Dakar n'impose pas. Sa population non plus ; du moins celle qui se présente sur le quai sous la forme d'un triple cordon pour assister à notre débarquement. Elle aussi paraît trop neuve ; selon les places, elle est trop blanche ou trop noire, ou trop militaire, ou trop civile, ou trop indigène. Un enfant en serait ravi. Il croirait voir les différents éléments d'un jeu des colonies, extraits des compartiments de leur boîte et laissés en tas.

Du haut du pont, moi aussi, je m'amuse à constater la petitesse égale des groupes de couleur opposée, des dominateurs, des protégés. Le magnifique éclat de la toile blanche des complets brodés de galons et de décorations semble un peu ironique dans de si petites dimensions. J'ai des impressions de Gulliver chez les Lilliputiens et je m'abandonne à la fantaisie d'imaginer que je vais pouvoir tout à l'heure prendre dans la main tous ces jolis petits jouets si propres, mais dont le vernis, peut-être, s'attache aux doigts.

Je vois jeter dans l'eau des sous de zinc et de cuivre, j'en jette aussi. Si je savais que c'est de la cupidité, de la faim, peut-être, d'enfants vrais, que l'on s'amuse ainsi, j'en serais gênée ; mais ceux-ci font certainement partie de la même boîte aux joujoux que les coloniaux en amidon : les petits plongeurs en caoutchouc noir fonctionnent très bien.

Je me suis trop attardée sur le pont supérieur, — je me trouve, avant d'arriver à la passerelle, bloquée par un groupe de tirailleurs, embouteillés eux-mêmes. Ce sont des malades qu'on a embarqués à Casablanca. Elle est anéantie, ma vision riante ! un fiévreux a les yeux sortis de l'orbite, la peau collée sur un squelette affaissé. Il ne marche plus, ses camarades l'ont transporté de l'entrepont jusqu'à la place où il est maintenant. Il respire la bouche ouverte, difficilement. Peut-être a-t-il soif? Je tire de mon sac un raisin. Mais en le lui offrant, je l'effraie : il fait le mouvement de se reculer. Je détache alors quatre grains que je lui mets dans la main. Il les garde. Il me fixe anxieusement. Il ne comprend pas ce que je veux de lui. Je suis vêtue d'un costume tailleur blanc et je porte un casque, tel un officier, il pense que j'ai dû lui commander quelque chose. Mais qu'ai-je commandé? Il interroge du regard ses camarades qui lui répètent le mot « manger » en langue bambara et, le doigt dans leur bouche, l'aident du geste à comprendre enfin. Certes, il ne saurait exprimer de contentement ; ses muscles desséchés s'y refusent ; toutefois son angoisse se détend un peu et il arrache du grappillon un grain pour le porter à sa bouche ; mais à la dernière seconde, avant de lui faire franchir ses lèvres, il hésite et me regarde encore. J'essaie de sourire, et peut-être que j'y parviens, car il se décide à manger le grain puis, successivement les trois autres ; je sens qu'il m'interroge plus fort, maintenant qu'il a fini. Je veux lui donner le raisin, mais sa main s'absente ; il cherche à atteindre sa poche et il transpire tout en bégayant. Un voisin a compris et retire de la poche du misérable son mouchoir noué sur des pièces de zinc, toute sa fortune évidemment. Et le moribond me le tend : c'est pour le raisin ! Heureusement qu'un passage se forme qui me permet de me sauver après avoir laissé la grappe, car il serait capable, ce monstre, pour m'accabler, pour accabler l'Europe, de trouver pire que ce mouchoir, que cette fortune : le mot « merci », par exemple qu'il cherche depuis longtemps.

Ils sont quarante à se proposer pour me porter mes bagages jusqu'à la douane, à s'en emparer plutôt, quarante porteurs noirs de tous âges, de toutes tailles, couverts de maigres chairs et de tristes loques, de plaies et de poussière. Mamady, mon boy, en désigne quinze, ceux qui ont eu l'adresse, la chance, de saisir les colis les plus gros. Cependant les exclus ne se sont pas résignés tout de suite : ils tâchent encore à découvrir un petit objet quelconque qui se puisse détacher d'un ballot, un casque, un pliant, une ombrelle. Des mains agrippent, des injures passent : ainsi des chats affamés font des pfft ! pour se garder les plus maigres proies. C'est tellement naïf et animal, que je cède à la suggestion que mes bagages sont comestibles comme des gigots et que si l'un des concurrents en emportait une malle au cours du conflit je ne pourrais qu'en rire.

Mamady n'en est pas là :

— Il ne faut pas laisser porter par un homme rien que l'ombrelle, proteste-t-il, le payer pour ça, c'est malheureux ! avec les autres Français il la laisserait, parce qu'ils frappent.

Je vois en effet les autres débarqués net-toyer le quai avec des jeux de canne.

Mamady nous a servis à Paris depuis sa démobilisation. C'est un ancien tirailleur qui, à Fréjus, fut l'un de mes élèves en grammaire.

— Tu paieras moins le porteur de l'ombrelle, mais tu le paieras tout de même, lui dis-je. Il n'a pas de chance, le pauvre grand diable. Quand tu donnais du pain aux canards, au bois de Boulogne, celui qui n'en attrapait qu'une miette au lieu d'un gros morceau n'avait pas de chance ; aurais-tu voulu la lui retirer?

Mamady a bien ri.

5 heures du soir.

Je suis assise dans le square, ce square banal qui rafraîchit de ses jeunes ombrages la place centrale de Dakar, la place Protêt.

Je sais que les hôtels sont pleins. Ce matin déjà sur le paquebot, des passagers renseignés sur l'encombrement de la ville s'épouvantaient à l'avance de leur sort. Sans doute seraient-ils obligés de coucher à l'hôpital. Des officiers coloniaux galants, généreux, offraient à des dames, à des mères encombrées d'enfants, leur chambre en ville. Eux-mêmes iraient coucher au camp.

Mes risques doivent être les mêmes que ceux de tous ces débarquants. Cependant, j'ai peine à le croire. Pourquoi mon destin s'identifierait-il à celui de personnes qui durant toute la traversée me furent si étrangères? J'ai la conviction que ce serait injuste.

Alors vais-je me précipiter, pour leur demander un gîte, chez les fonctionnaires à qui je suis recommandée? Ou vais-je même tenter de me faire introduire chez le gouverneur général lui-même, grâce à la lettre émanant du ministre et qui atteste ma mission?

Demain peut-être ; pas ce soir. Ce soir je suis trop heureuse. C'est la première fois depuis quinze jours que je suis seule et j'en profite.

Après le bateau, son tangage, son bruit de machine et l'absurde assemblage de ses occupants, je m'extasie ce soir sur la stabilité de mon banc, sur l'homogénéité des arbres et des étranges petits graviers légers qui murmurent et s'argentent quand je les déplace du bout du pied. Pas un seul Français assis dans le jardin : des êtres nouveaux... blancs, bleus, violets, tout en plis, sauf un minimum d'apparence humaine : têtes, mains, chevilles noires.

Je dîne de bananes et je retourne au paquebot pour y coucher dans mon ancienne cabine. C'est une étuve : les hublots sont restés clos tout le jour sous le soleil effroyable.

— Il y a tant de voleurs ici, m'explique le commissaire du bord, que par principe nous fermons toutes les issues. Ils s'infiltreraient par les plus étroites.

14 *octobre.*

Dakar est bien vite vu. Dans la petite presqu'île, c'est, renversé dessus, comme un déballage d'objets sans valeur, de gros et de petits. Les gros, les lourds, — douane, gare, palais du gouverneur, etc., — sont fixés çà et là en face du port, sur les falaises. Les tout petits, — baraques des artisans ouolofs et des pêcheurs lébou, — sont semés un peu plus loin dans les sables comme si, pour les éloigner, l'on avait soufflé dessus.

Dakar n'a pas de style, — on me l'avait dit, — à moins qu'on puisse appeler ainsi le caractère de bazar cahotant, hurlant, savoureux du reste, que présentent ses formes tronquées et au hasard peinturlurées.

Il est de très bonne heure : personne au marché. Tout le quartier indigène qui m'attire résonne encore de prières musulmanes murmurées, psalmodiées, chantées, glapies. A l'angle d'un trottoir, un homme prosterné s'agite et interpelle si fort le Très-Haut que celui-ci peut, je crois, sans don spécial et divin, l'entendre. Où donc la couleur est-elle la plus vive, la plus forte ici? Dans le ciel rose, les terrains orangés tachés d'herbe émeraude, les mouchoirs bigarrés des femmes, les bâtisses multicolores? Ou dans ces gerbes de prières qui inondent le tout? J'ai le vertige au milieu de la rue parce que les sons m'y aveuglent autant que les murs vermillon.

L'adresse d'un de ses cousins, que m'avait donnée en France un jeune Ouolof, mon ancien élève, m'amène aux confins du quartier des artisans. Là, les trottoirs s'évanouissent, les palissades remplacent les murs, le sable envahit les cours, les cours s'agrandissent des places laissées vides par la disparition des baraques brûlées pendant la récente peste.

La cour où je pénètre, spacieuse, est plantée d'un seul arbre un peu plus gros que nos orangers, elle est bâtie d'une petite baraque-cuisine et de l'habitation proprement dite en planches aussi, couverte de tuiles.

Sur une peau de chèvre, bien blanche, le maître de la maison achève le salam ; derrière lui, des femmes assises, tiennent encore comme lui leur chapelet. Distingué, l'homme, au visage long, au nez saillant d'arabe noir, est bien celui que je viens visiter. Il parle avec aisance le français, il est intelligent.

A une exposition coloniale à Liége, où, enfant, il figurait, il séduisit une famille riche qui le garda, pour l'instruire, pendant plusieurs années.

Je lui parle de son cousin. Il me présente sa femme, sa belle-mère, sa belle-sœur et m'offre, puisque je n'ai pas de demeure, l'hospitalité.

Et mes visites à faire dans le quartier blanc? Et mon importance de personnage en mission?

Cela s'est dissous devant les circonstances. Tout a été trop simple et trop miraculeux.

15 *octobre.*

J'ai couché dans le petit salon du palais de bois. Ses proportions sont celles de l'étroit lit pliant que j'y ai fait dresser : à peine plus long, à peine plus large. Ses parois sont couvertes de cartes postales, selon l'usage ouolof, et surtout de photographies de la famille liégeoise de mon hôte.

Pendant le jour, hier, la température de cette pièce atteignait 35 degrés. Le soir, tombée à 25 degrés, elle fut exquise. La fraîcheur ou tiédeur de ma chambre demeura exquise, oui certes, mais vraiment est-ce que ma chambre matériellement était demeurée? J'ai cru dormir dehors. C'est comme une aventure.

Ouvertes aux brises selon le caprice d'un volant de tulle flottant, deux petites baies carrées se trouvent, quand je suis couchée, à la portée de ma main, l'une au-dessus de ma tête, l'autre à ma droite. Je les ai vues la nuit en levant les yeux, toutes les deux blanchies par la lune. Je les ai prises, tant je me trouvais bien auprès d'elles, pour les visages clairs de deux personnes penchées sur moi et occupées à me baigner de souffles frais...

Dakar indigène, le jour, s'encombre d'objets d'emprunt. Je peux oublier quelquefois

Dakar quand je le regarde. Dakar indigène, la nuit, lorsque l'on dort ou presque, est toujours présent lumineusement. J'ai dormi sur son sein authentique la nuit dernière, et ce fut étrange. Ce sein n'est pas matériel ! C'est un sein nuageux, floconneux, doux comme un édredon, où j'aurais bien dormi si je n'avais eu, un peu, le vertige. Cet édredon, ce sein de Dakar nocturne, c'est un enchevêtrement de clameurs, de cris, de heurts de tamtams, de chants d'hommes, de chants de coqs trompés par la lune, d'appels de muezzins, de prières, de chants de coqs, toujours. Et ces cris, clameurs, chants, musique, appels et prières, gammes, arpèges, accords, si touffus, si inextricables restent suspendus, nul ne touche à la terre. L'air vibre, l'air parle, et le sol ne lui répond pas. Le sol à Dakar s'absente la nuit. J'ai dormi suspendue sur le sein de Dakar, je dirais plutôt sur son souffle ; sa matérialité, le sable, comme l'ouate et comme la neige épaissie, n'existe plus du tout quand on ne le voit pas.

16 *octobre.*

Il y a sept chambres dans la maisonnette et nous sommes dix maintenant à nous y abriter. Outre les personnes de qui j'ai parlé et le beau-père de mon hôte, deux locataires garçons logent là ainsi qu'un orphelin de douze ans hospitalisé. L'un des locataires, un jeune boy sans place, a offert à Mamady son lit et sa chambre : lui, il couchera ailleurs, sur la natte.

De la petite entrée couverte à l'étroit hangar de l'arrière-cour, la chambre centrale est balayée par un courant d'air permanent qui la rend habitable. Elle commande quatre chambres et pourrait s'appeler hall si elle n'était pas de dimensions par trop modestes : deux lits de fer aux sommiers durs, couverts de housses blanches, quelques chaises, un escabeau, une vaste jarre contenant la provision d'eau quotidienne, meublent sa surface de trois mètres sur quatre où tout le jour, selon les loisirs de chacun, nous nous croisons, nous nous occupons ou nous nous réunissons pour bavarder, pour recevoir les visites.

17 *octobre.*

J'apprends chaque jour comment les tâches ménagères sont réparties. Elles doivent l'être au gré de chacun, car je ne vois jamais personne qui flâne ou qui peine exagérément.

Fatou, la jeune femme de mon hôte, fait du balayage, du savonnage, de la cuisine. Sa mère aussi, sa sœur aussi ; le boy sans place, Mamady et le petit orphelin également ; mais ce ne sont pas les mêmes balayages, savonnages, ni la même cuisine. Chacun a choisi. Et puis les garçons font plutôt les courses, c'est la sœur de Fatou qui apporte l'eau et c'est sa mère qui va au marché. J'ai réclamé pour mon compte une besogne que je trouve charmante surtout quand je l'accomplis avec Fatou. Il s'agit de rechercher entre les grains d'un riz très blanc étalé sur un van de jonc des pailles minuscules, de microscopiques graines noires. Cela demande beaucoup de temps. J'avoue que je ne prendrais pas un pareil soin de ma nourriture ; mais je ne mange pas de ce riz. Mamady me fait ma cuisine ; donc, je m'amuse.

Dieu, que la chaleur est lourde en ce pays, et que l'essence de la vie y est légère !

17 *octobre*, 11 *heures*.

Fatou, pour son mari fait le ragoût qu'il aime, dans le poêlon de fonte posé sur la braise de charbon de bois. Sa mère, là-bas au fond de la cour, fait le gros chaudron de riz pour tout le monde. Mamady, dans une autre anse d'ombre, fait griller pour moi du poisson et bouillir l'eau où mon thé infusera. Ousmane, le boy, ailleurs fait griller le café. Midi venu, nous échangerons un peu des produits de ces cuisines ; c'est le petit jeu quotidien, le déjeuner pour rire à côté de l'autre, ou plutôt la communion... bien comprise. Seule inoccupée, je me suis perchée, près de Fatou accroupie, sur un tabouret qui s'enlise dans le sol profondément sablonneux du petit hangar. Un mur chauffé par le soleil est devant nous, la flamme aussi est devant nous, les émanations de la graisse chaude nous frappent au visage. Fatou a la figure emperlée de sa sueur et je baigne de tout mon corps dans la mienne. Mais le chant de Fatou est frais, frais comme des violettes, frais comme un mois d'avril de chez nous, et je reste là.

Quelles sont les paroles de cette mélopée qui ne finit jamais, jamais qu'avec la sauce qui l'a provoquée ? Je ne l'ai pas demandé à Fatou ; elle ne sait pas le français sauf vingt mots. Je ne l'ai pas demandé non plus à son mari ; je suis si persuadée que cela n'a pas plus de sens, — mais autant, — que le chant des oiseaux et des cascades.

Fatou, toujours chantant, écarte un peu ses genoux pour faire jouer l'éventail qui active tout le temps la flamme. Son pagne est un peu remonté et je vois le bronze de ses énormes mollets. On m'avait bien dit que beaucoup de femmes ouoloves s'empâtaient en mûrissant. Mais Fatou n'a pas vingt ans, son ampleur n'est pas naturelle.

Quand je souris à Fatou elle sourit, elle a des dents blanches et de jolis traits réguliers, enfantins, à travers quoi, sortie de ses yeux, court toute son âme. Si je lui parle français, elle rit et secoue la tête pour feindre de ne rien comprendre ; je sais pourtant qu'elle comprend beaucoup plus de mots qu'elle n'en prononce. Si je balbutie, au contraire, un peu de ouolof, elle n'ose pas rire de peur de me décourager et elle me répète avec patience les sons que j'altère.

À force de parler à Fatou, de la regarder, de vivre tout le temps avec elle, je finis par me demander si elle ne l'a pas fait exprès d'être aussi ronde, aussi large de base, aussi inapte à se mouvoir, pour ressembler mieux à des fruits, puisque sa substance à elle aussi est sucrée et bonne.

Sa sœur, plus svelte, est plus aigre ; cela m'inquiète pour moi. Quant à la mère de Fatou, massive comme sa fille et bien plus encore, son gendre dit d'elle : « Vous la voyez tous les jours avec ses locataires comme elle est avec vous, la moitié du temps elle les nourrit et les trois quarts du temps ils ne la paient pas. Mais rien ne la fâche. »

6 *heures.*

J'ai vu le gouverneur général ; il connaît ma mission mais elle l'étonne toujours :

— Comment l'Afrique Occidentale vous a-t-elle attirée?

Il est trop modeste pour lui ou pour elle.

8 *octobre.*

Hier soir après le dîner j'étais allée flâner sur le port où l'arrivée de plusieurs navires avait créé du mouvement. Quand je rentre à onze heures au quartier indigène, j'y trouve, clamant des prières, le peuple entier prosterné dehors sous la lune. Même dans la cour de mes hôtes, je suis seule debout. Que dois-je faire ? Le jeune boy sans place, Ousmane, m'a vue. Il comprend ma gêne, se lève et m'explique :

— Madame, on est tous là ce soir en prières parce que la Bête a attrapé la lune. C'est pour qu'elle la laisse tranquille qu'on réclame à Dieu. La Bête l'a laissée maintenant, mais nous chanterons toute la nuit quand même pour remercier.

La lune est exactement au zénith, si brillante que je cherche en vain, éblouie, le reste de l'accroc que lui a fait l'éclipse, cause de cette merveilleuse cérémonie. Et puis voilà qu'en regardant alternativement le ciel et la terre je ne m'y reconnais plus.

Faute d'ombre les petits bâtiments gris qui nous entourent se sont effacés. Le sol est fluide et pâle comme le ciel. Le ciel autant que le sol est fleuri de l'universelle prière. Entre les deux, très impressionnée, je me sens instable ; je n'ai comme appui qu'un îlot argenté, ce sable mol et blanc, ce nuage dont je ne sais s'il va se dissoudre ou flamber comme l'astre.

1 *heure de l'après-midi.*

Nous sommes une douzaine dans la pièce centrale dont j'ai parlé ; mon hôte, quelques visiteurs et moi sommes assis sur les lits, les femmes et de plus jeunes gens sont accroupis sur des nattes.

Il n'y a donc plus qu'un étroit passage au milieu de nous et ce passage est intercepté par la présence d'une chatte qui allaite, étendue sur le flanc, sept petits.

Je n'ai jamais vu personne dans la maison toucher aux bêtes pour les caresser, mais on ne les chasse pas. Derrière la maison, près du petit hangar, un vautour noir à tête blanche, dont l'aile est brisée, pousse de temps à autre un cri strident et plaintif. Fatou m'a priée de lui donner, ainsi que chacun le fait, quelques déchets de viande en offrande. C'est une mascotte.

Quant aux animaux de basse-cour, les poules, les coqs, on en voit partout et je me demande si leurs propriétaires les comptent parfois. Je me suis étonnée d'abord de remarquer qu'un tiers au moins de ces volatiles dans notre quartier étaient aveugles ou présentaient un abcès à l'œil, ce que les indigènes m'ont expliqué en me disant qu'à force de becqueter sans cesse dans le sable comme ils le font, ils ont avalé une petite fève indigestible, qui leur sort par l'œil. C'est évidemment la chute du cristallin hors des tissus infectés par le sable, qui donne lieu à cette légende.

20 *octobre.*

Le père de Fatou est bon musulman, et comme pasteur devant Dieu de sa troupe d'ouailles, — sa grande famille, — il passe pour avoir la houlette dure. Il vient chaque semaine honorer la mère de Fatou, une de ses épouses, du nombre de soirées qui lui sont dues, mais je ne le vois jamais manger là. Peut-être craint-il que ma présence d'infidèle à son repas ne ternisse sa pureté? C'est ce que personne ici ne m'avouera, par politesse.

Des amies de Fatou, des clientes de sa mère, qui est coiffeuse, l'infirmière-major de l'hôpital qui est sa parente, un marabout qui mange ici souvent, des amis de mon hôte, comme lui négociants ou bijoutiers, quelquefois des lettrés qui parlent aussi bien le français que l'arabe et m'intéressent, tels sont les familiers de la maison et nos visiteurs.

Aujourd'hui il est tombé dans cette société paisible un élément violent. C'est une petite femme grêle qui a des allures de mante religieuse. C'est terrible en noir à cause de la netteté des gestes. Elle déplie par à-coups ses avant-bras, tord ses poignets, cambre ses index et ses pouces pour accrocher d'invisibles proies, décrites de sa voix nette. Sa tête ne semble s'articuler sur son cou qu'à la manière des insectes, surtout latéralement, et son menton se tourne un peu, à droite, à gauche, tandis qu'elle parle. Son visage fin qui s'émeut à peine possède, subtiles, les expressions de la cruauté. Pendant plus d'une heure qu'elle discourt debout sans discontinuer, son bébé sur ses reins dort profondément. Mais ce n'est pas ce sommeil d'ange qui calmera ses rancœurs. Elle ne pense guère à lui. Pas une fois, je l'ai remarqué, elle n'a, pendant sa diatribe, le geste de tant d'autres mères qui se complaisent à soutenir de temps en temps, de leurs bras tordus en arrière, le cher fardeau. Elle est tout à son appétit de bête carnassière, et chacune des rares fois qu'elle lance en avant sa tête, comme pour mordre, elle se hâte de rouler les yeux à droite et à gauche sur ses auditeurs. Elle me fait penser à ces fauves de nos jardins qui, les crocs dans la viande qu'on vient de leur jeter, grognent et regardent de tous les côtés s'il n'est rien qui menace leur proie acquise.

Après son départ j'apprends que son réquisitoire est prononcé contre son mari ; il vient d'épouser une seconde femme sans la prévenir, en manière de représailles contre la mégère.

2 *heures de l'après-midi.*

Pour me vêtir comme elle d'un pagne et d'un boubou, Fatou m'a d'abord engainée des chevilles aux hanches, dans une pièce d'étoffe bleu clair rayée transversalement de bandes sombres ; puis elle a roulé à hauteur de ma taille les bords de la gaine de dedans en dehors. Nul besoin d'agrafes ! je pourrais danser, le pagne tiendrait ainsi. Dans un boubou d'étamine à ramages, presque aussi transparent que nos rideaux de vitres, mon amie enferme ensuite mon buste, mes bras, et mes mains jusqu'au bout des ongles en un long sac horizontal qui bâille à ses extrémités : les manches. Quand j'étends les bras, ainsi habillée, je figure une croix d'étoffe ; quand je les laisse retomber, je rappelle une parisienne en robe collante, entravée, complétée d'une légère cape en forme. Quand je relève mes manches larges sur l'épaule pour dégager mes bras nus, je ressemble à ces Florentines du moyen-âge dont les épaules étaient moulées dans de petites fronces bientôt libérées en gros plis qui amplifiaient leur ventre.

Le sommet de ma tête et mon front sont couronnés par mon amie d'un mouchoir orangé façonné en toquet et d'où s'échappent en arrière, à défaut des minces papillotes ouoloves, les boucles de mes cheveux noirs coupés courts. Faute d'être percées, mes oreilles ne pourront être ourlées d'anneaux d'or, mais trois gros motifs en filigranes d'or ornent le bord de mon décolletage et de lourds anneaux en argent encerclent mes bras et mes chevilles.

C'est à l'aise dans ce costume que je le décris, le 21 octobre, assise sous l'unique petit arbre déjà mentionné, dont l'ombre étroite nous ramasse serrées les unes contre les autres, Fatou, sa sœur, sa filleule, les nécessaires pièces d'une lessive et moi. La filleule de Fatou est une jolie petite fille de trois ans toute noire et nue, sauf sa ceinture de grosses perles bleu de roi. Accroupie sur le sable, pendant que j'écris, elle joue à mes pieds.

Déjà, au soleil, décorant la cour de leurs teintes fraîches, de nombreux éléments de la toilette indigène, lavés, sont étendus sur une corde ; d'autres passent encore successivement dans les eaux de moins en moins sablonneuses et plus bleues des quatre calebasses. Mais ces mains longues et noires qui se démènent si follement dans la mousse blanche, travaillent-elles? ou jouent-elles à réussir, sans m'éclabousser, leurs acrobaties? Aucune conversation entre les deux partenaires. Fatou chante sa mélopée, mais à chaque instant elle me regarde des pieds à la tête, fière de son œuvre. J'en suis fière aussi.

Si l'on me demande lequel je préfère ici, du costume des hommes ou des femmes, je ne saurais dire lequel l'emporte quant à l'élégance si parfaite. Mais celui des hommes m'agace un peu par son défaut de modestie.

Le vêtement traditionnel des musulmans noirs, le boubou, est un vaste morceau d'étoffe aussi haut que large, doublé de blanc pur, décolleté devant en carré, brodé, collant aux épaules, qui annule le reste du corps sous un beau déluge de plis verticaux. Un fez cramoisi, ou noir, ou blanc brodé de noir, un chapelet d'ébène incrusté d'argent et des sandales jaunes complètent la parure mâle.

A leur sortie de la mosquée, le vendredi, j'ai vu toutes ces amples taches blanches et bleues, — de tous les bleus —, qui figurent les fidèles, en boubous de luxe empesés. Et j'ai pensé, de toutes ces formes un peu trop vagues et aériennes, qu'elles évoquent plutôt une assemblée d'âmes qu'une assemblée d'hommes. J'aimerais mieux, pour mon goût, un aveu plus humble des corps. Mais le contraire est certes voulu. Chez le musulman surtout, l'âme masculine, représentée rayonnante par les beaux boubous, pèse plus matériellement encore que chez nous dans les balances sociales.

Dimanche, 23 octobre.

Les jours de la semaine on ne voit que sortir en hâte le matin et rentrer de même le soir, avec un sourire ou peut-être un bonjour, le jeune ouvrier chaudronnier locataire de la maison. Aujourd'hui il est resté là, pendant toute l'après-midi de son dimanche, assis au seuil de la petite entrée, sur un tabouret. Les jours de la semaine aussi, on ne le voit que tout noir, noir de vareuse, de visage, de chapeau de feutre mou. Aujourd'hui le voilà tout blanc comme la neige, sauf sa jeune frimousse ronde, son cou et ses pattes. Il a de très jolis yeux aux cils longs et serrés. C'est à cause de leur touffe qu'on ne voit guère le blanc de l'œil ; c'est aussi parce que ses prunelles ne se déplacent pas : ou bien il vous regarde vite tout droit, ou bien il regarde longuement par terre.

Il sourit en livrant ses dents une seconde, quand je lui propose, le voyant oisif, d'apprendre à tracer les lettres de l'alphabet français. Il sourit, il ne répond pas. Quoiqu'il comprenne le français il ne le parle pas. Ce serait trop difficile? Non, trop prétentieux. Il ne tient pas non plus à apprendre à écrire, — les frères de Fatou instruits comme des Français, ceux-là, — me le disent. Mais puisque je lui ai mis sous les yeux des modèles d'écriture il trouve plus simple de les copier toute la journée, toujours en vain, que de s'expliquer sur son cas... A mesure que les heures passent, — il en passe six, — son cou se penche un peu plus, ses doigts se serrent un peu plus sur le crayon, sans que sa figure cesse d'être aussi souriante, aussi sereine que son boubou blanc...

Ah ! qu'ai-je dit hier contre le boubou blanc? Le petit chaudronnier l'a réhabilité. Les boubous qui m'ennuient sont ceux qui symbolisent les âmes de valeur, les âmes grandes, les âmes de foi et de poids, mais le boubou d'Abdoul ne figure rien à mes yeux, ce soir, que l'âme patiente et sans importance qu'ont toutes les fleurs.

27 *octobre*.

Je rentre de voyage. L'un de mes anciens élèves, celui-là même qui me donna l'adresse de mon hôte, son cousin, est venu d'un village éloigné me voir. Il ne connaissait pas Saint-Louis où je voulais aller, il m'y a suivie comme interprète.

Depuis six heures du matin, pendant dix

heures, le train a traversé le Kayor. C'est un désert huit mois de l'année et maintenant, après les pluies, c'est à la fois pour les indigènes une mine d'or, puisqu'il recèle les arachides ; pour les voyageurs, un paysage de Normandie, d'une Normandie grossie : l'herbe y est devenue le mil, et les pommiers, les baobabs.

J'ai vu la ville ou plus exactement les quatre villes de Saint-Louis : l'européenne et ouolove, la ville des artisans, celle des pêcheurs et celle des Maures. Je n'aime pas beaucoup le physique des Maures, trop homogène : tous bouclés, tous fins, tous bruns, tous graves, ils ressemblent tous à Jésus-Christ et ses apôtres conçus par les anciens élèves de notre école des Beaux-Arts.

Je n'aime pas beaucoup non plus le pittoresque outré des quartiers si distants, si distincts où les hommes sont parqués par classes, on dirait par classeurs. C'est triste comme la bureaucratie. J'aime mieux Dakar, chaos.

J'ai vu à Saint-Louis bien des formes de sable, le joli sable de la longue plage qui est farci secrètement d'ordures ménagères, le sable qui blanchit l'eau du fleuve, celui qui empoussière les faubourgs, celui qui stérilise la banlieue pelée où paissent les chameaux des caravanes.

J'ai cherché en vain une chambre dans des hôtels parés de lauriers-roses comme en Provence, mais déparés par leurs hôteliers grossiers et leur clientèle coloniale entassée. J'ai déjeuné dans la baraque d'un bijoutier indigène, d'un poulet et de pommes nouvelles sautées à la française. J'ai bien dormi sous un vol épais de cafards dans une chambre trouvée à grand'peine en ville chez un musulman pitoyable et hospitalier. J'ai rencontré en ville beaucoup de musulmans distingués d'une obligeance et d'une politesse rares.

Je suis rentrée à Dakar le troisième jour par une chaleur torride, harassée à en mourir. Cependant j'ai tant appris sur le Sénégal, sur la colonie et la colonisation, que je n'ai rien à regretter.

Mais, dira-t-on, je n'ai visité ni le gouverneur, ni le médecin-chef de l'hôpital, ni le directeur des écoles, ni aucun fonctionnaire ou officier colonial, ni le maire noir, ni aucun notable d'aucune race. Où ai-je bien pu sans connaître la langue locale apprendre quelque chose?

C'est mon jeune interprète, c'est mon élève qui m'a tout appris.

— D'où vient, lui ai-je demandé en wagon, qu'au lieu de me renseigner longuement quand je les questionne, les voyageurs tes compatriotes me répondent trop vite et trop poliment, puis s'en vont?

— Parce qu'ils ne savent pas ce que vous êtes venue faire au Sénégal et surtout dans ce compartiment de deuxième classe, toute seule, vous qui êtes blanche, et ils se méfient de vous puisque ce n'est pas votre place.

— Pourquoi ne me parles-tu pas davantage toi-même? Pourquoi ne me dis-tu pas ce que tu penses de toutes les choses que nous regardons, comme tu le faisais en France, comme tu l'as fait un jour de ta permission quand nous avons pris le train avec ma famille pour aller à Saint-Tropez?

— Parce que c'est déjà bien assez que les indigènes soient très étonnés de vous voir assise avec eux ; mais s'il arrivait que les Blancs vous voient parler avec moi comme je vous parlais en France, pour sûr qu'ils vous insulteraient !

— Ton ami le bijoutier et toi, vous avez dû vous fatiguer beaucoup à Saint-Louis, vous avez dû prendre beaucoup de peine pour me découvrir en ville cette chambre quand toutes étaient pleines partout.

— Oh ! ce n'est pas la peine de chercher partout qui m'a fatigué, c'est la peine de penser toujours à toutes les vilaines choses que les Noirs et les Blancs ont dites après contre vous, contre une Française qui fait demander sa place dans la ville par un simple indigène, au lieu de la faire demander par le Gouverneur, par le médecin, par le maire.

— Pourquoi ne réponds-tu pas, pourquoi regardes-tu ailleurs quand je te montre une femme ouolove qui est jolie? Quand je te demande si, à ton avis aussi, elle est jolie?

— C'est rien, c'est pour rien...

— Je crois, au contraire, que c'est pour une grande raison, plus grande que les autres, puisque ta figure change....

— C'est parce que nous n'avons pas l'habitude au Sénégal de fixer les personnes qui sont très bien. On dit que cela abîme leur peau. Mais surtout ceux d'ici qui ne vous connaissent pas, est-ce qu'ils peuvent savoir d'une Européenne qui les regarde et qui parle d'eux, si sa langue et ses yeux sont bons? Alors moi, qu'est-ce que je peux faire pour les empêcher de penser contre vous?

Je n'ai plus rien demandé après cela, c'était assez. Je me suis enfin tue, j'ai enfin fermé les yeux, feignant de dormir. J'ai enfin pleuré quand il a fait presque nuit.

Mon compagnon, de l'autre côté du compartiment regardait toujours les champs, la tête hors de la portière. J'espérais qu'il ne m'avait point vue.

Mais à Dakar en m'accompagnant jusqu'à la maison de mes hôtes il m'a dit :

— Voilà ce que je n'aurais jamais cru avant de vous voir ici, parce que, lorsque nous étions en France, les autres tirailleurs et moi, vous nous faisiez toujours amuser et rire et moi maintenant je vous fais pleurer !

— Puisque tu es très bon, si tu me fais pleurer c'est qu'il doit être très bon que je pleure !

— C'est vrai que si je vous ai fait mal c'est que j'avais mal aussi ne pas pouvoir être tranquille et gai avec vous, comme vous. Je vous voyais faire toutes les choses ici comme à Paris : c'est une trop grande chance pour une colonie. Vous m'avez fait peur tout le temps pour vous !

Nous nous étions enfin compris tout à fait. Je n'avais plus rien à lui dire. Je serrai sa main, les mains de ses parents, puis prétextant ma fatigue, je me suis vite retirée dans ma chambre pour y pleurer de nouveau à l'aise et longtemps sous le souffle doux de mes deux amies, les petites fenêtres aux rideaux légers, aux rideaux inquiets qui sortaient et rentraient à la moindre brise, tels des messagers.

28 *octobre.*

Avant de m'embarquer pour Conakry, je suis allée ce matin rendre la visite d'un parent de mes hôtes. Il est absent, sa famille aussi. J'attendrai un moment puisqu'un voisin, un Ouolof qui d'ailleurs parle le français, m'offre une chaise près de lui, sous l'entrée couverte.

Je vois tout de suite que ce personnage ne tient pas à faire la conversation. Vêtu d'un complet sombre de drap élimé, il lit, enfoui dans sa chaise longue, un bouquin aux feuillets jaunis : c'est *l'Art d'aimer* d'Ovide. Ma présence pourtant insolite et qui se prolonge ne semble pas distraire du tout le lecteur ; tout son être bouge au contraire imperceptiblement dès que babille dans la cour une jouvencelle, jolie mulâtresse qui sait rassembler sur son buste fort découvert tous les reflets bleus et cuivre du ciel et du sol. Je ne peux m'empêcher de témoigner à mon voisin de ma surprise d'entendre l'excellent accent métropolitain de la demoiselle. Il ne me répond que par un petit rire nerveux, sans lever la tête.

Lorsque je songe à m'en aller, paraît à la porte de la petite cour un commissaire français galonné d'argent. Il adresse de gracieux saluts à la jeune personne qui enfile à sa vue un casaquin rose et se pavane les bras nus, rassemblant du linge sec et le pliant sur une table avec des gestes caressants. L'officier propose une place pour le cinéma. Elle rit, refuse et feint de vouloir rentrer. Il insiste et elle boude, marivaudage de chez nous.

— Je ne voudrais pas, dit-elle à voix haute, que l'on me voie si près de vous. Pensez un peu je suis très jeune et vous êtes vieux; qu'est-ce qu'on dirait?

Elle est maladroite exprès et l'officier quinquagénaire a rougi très fort.

— Vous êtes sotte! je ne suis venu que pour vous faire une politesse.

Elle feint de se rendre à ce propos sérieux. Il s'approche et elle le laisse lui dire de très près quelques mots qui la font rire tellement qu'elle en oublie de se défendre de la main de l'homme qui s'est saisie de son bras. Mais brusquement elle se dégage, gravit lestement sans se retourner le petit escalier qui mène à sa chambre et referme sur elle sa porte en riant.

Le personnage masculin demeure atterré d'abord, puis cause en ouolof à une vieille femme qui le reconduit et à qui il glisse près de la porte un petit papier de la banque de l'Afrique Occidentale.

28 *octobre à 2 heures.*

C'est l'heure du départ : pour m'accompagner jusqu'au paquebot, Fatou s'est revêtue de tous ses pagnes et boubous superposés. Elle en a beaucoup et son ampleur naturelle ainsi accrue fait d'elle à mes yeux le symbole de la bonté accru de même en magnificence. La transpiration abondante que lui causera son engoncement ne m'empêchera pas d'être fière de l'embrasser sur le quai.

Ousmane, le boy, m'a recommandé :

— Il faudra m'envoyer de Conakry une carte postale avec la statue du gouverneur Ballay pour clouer dans ma chambre.

A propos de cette chambre, il m'avait déjà demandé :

— Madame, les petits rideaux roses à volants que j'ai mis à ma fenêtre sont-ils tout à fait pareils aux rideaux des « madames » en France?

Mon hôte m'avait dit d'Ousmane : « C'est un jeune homme qui fait la femme. — Par vice, pour plaire aux hommes? — Je ne saurais vous le dire et vous en voyez tout autant que moi. » Si ce que je vois est un vice, c'en est avant tout l'expression ironique. Ousmane a les traits gros, de grosses attaches et il porte, bandée, à sa jambe sans mollets, une plaie qui ne sèche point parce que chaque soir il danse. Il danse aussi le jour devant nous entre le coup de balai qu'il donne, la leçon d'ouolof qu'il m'impose et le filtrage du café. Quand il fait trop chaud, il s'assied par terre, une glace à la main parmi nous. Il se farde avec ma peinture, de vert la lèvre, de brun rouge les paupières, noue sur sa tête rasée un mouchoir criard de femme, parle d'une voix douce, minaude, jusqu'à ce que l'un de nous l'appelle mademoiselle. Alors il saute de joie et trépigne une danse maniérée. D'autre part il dit de son âme : « La valeur n'attend pas le nombre des années » ou encore : « Je suis maître de moi comme de l'univers ». Où a-t-il trouvé cela? Il sait peu de français. Son ingéniosité de petit clown supplée à tout.

4 heures.

Nous sommes au large. Chaleur, lumière, ennui cruels.

Je demande à Mamady qui est Guinéen, et fétichiste d'origine, ce qu'il pense des Ouolofs que nous venons de quitter.

Il s'en loue. Nos hôtes, leur gentillesse sont à son goût comme au mien.

— Mais, observe-t-il, c'est trois choses que les Ouolofs font trop. Ils font trop de prières, ils crachent trop, ils font trop de salutations. Je ne pouvais pas suivre à côté de Madame-maman de Fatou pour aller au marché. J'ai suivi une fois, c'est trop de fatigue. On n'avance pas. Pour chaque personne qu'elle reconnaît, il faut s'arrêter tout à fait et dire : « Diam' gam'? (Avez-vous la paix?) — Diame rec (Paix seulement). — Si diarem diam'? (Comment allez-vous?) » Et puis toutes les personnes de la famille qui ne sont pas là sont nommées et il faut demander des nouvelles de toutes. Ça, c'est politesse trop longue. Pour cracher aussi, comme pour fumer, c'est beaucoup de Ouolofs qui n'arrêtent jamais. Ils savent très bien faire pour jeter très loin un petit peu d'eau que l'on ne voit pas, à cause du sable. Mais moi je suis fatigué pour eux.

Pour les prières c'est plus fort encore ; c'est tout le temps qu'on les chante ici. Moi, pour les religions, voilà ce que je pense. Ce n'est pas très ennuyeux quand on les suit quelquefois pendant les jolies fêtes où on s'habille très bien pour se rencontrer tous ensemble. Mais plusieurs fois par jour comme ici, c'est perdre le temps, puisque les religions, elles ne changent jamais personne. J'ai bien regardé depuis très longtemps : celui qui est bon il est bon aussi avec la religion, ça c'est la vérité ; mais celui qui a mauvais cœur il fait bien plus mauvais avec la religion que sans la religion. Ça aussi j'en suis sûr.

Minuit.

Nous passons la nuit dans la salle à manger, deux dames et moi. Le pont est interdit et nos cabines sont inhabitables. La mienne surtout. C'est la plus proche de la machinerie. Une vieille Anglaise en occupe exactement l'espace arpentable avec sa chaise longue qu'elle ne quitte ni de nuit ni de jour. Elle vit là de pain grillé et de thé. Elle y vivra encore après mon débarquement après-demain, après Conakry, jusqu'à Cotonou, si elle n'a pas fondu tout entière en transpiration.

Elle est altruiste... ou maniaque.

— Hang your shoes! hang! hang! or they will be burnt ! (Suspendez vos chaussures ou elles seront brûlées !) m'a-t-elle ordonné dès qu'elle m'a vue.

Elle-même a les pieds élevés sur un tabouret. Elle a raison, la main ne supporte pas le contact du sol.

Conakry.

30 *octobre.*

La mer est grande à Conakry. C'est la première fois que je la vois aussi grande depuis que je voyage, depuis un mois que j'ai quitté Marseille et que je la regarde. D'ailleurs quand on dit « la » mer, c'est qu'on veut se faire comprendre des personnes qui n'ont voyagé que du doigt, l'index appliqué sur des images où les continents roses se limitent au bleu convenu de l'eau ; « la » mer existe dans les atlas ; mais, dès qu'on navigue un peu on apprend à connaître « les » mers. Elles sont des individus distincts. Des poètes nous ont parlé de mers câlines ou irritables ; Léon Werth nous en décrit une, bretonne, qui s'appuie à l'horizon. Celles que j'ai vues au large du Maroc et de la Mauritanie n'évoquent pas comme celles-là des êtres de notre espèce humaine. Dans la région de Casablanca, j'en ai vu une, noire et rayée, pareille à un gros chat, à un chat tigre roulé en boule, musclé et hostile, somnolent par chance et que je tremblais qu'on ne réveillât.

Mais à Conakry la mer n'est ni une femme, ni un fauve, et elle ne s'adosse pas à l'horizon, puisqu'il n'y a pas d'horizon autour de cette presqu'île. Cette mer n'est donc rien par elle-même ; elle n'a ni densité, ni forme ; elle n'a que les formes et les couleurs du ciel, des multiples ciels qu'elle reflète. Elle est rose quand les ciels sont roses, elle est un pétale de pivoine rose qui répète un autre pétale autour de ce cœur vert et orangé : la terre luxuriante où nous abordons ce soir.

Pas d'air. A sa place, quelque chose de matériel que mes poumons refusent : ce doit être cette couleur rose que j'admire, cette substance de fleur translucide intermédiaire entre l'air et l'eau et dont l'aspiration laborieuse provoque immédiatement ma transpiration abondante. Je pense que je mourrais tout de suite, asphyxiée, si le spectacle n'était pas si beau. Mais peut-on mourir en respirant un tableau de Renoir? Les personnes qui, m'a-t-on dit, durent aller à l'hôpital peu de temps après leur débarquement doivent être d'une nature bien insensible au jeu des teintes!

On trouve devant le warf de larges espaces plans de la roche locale ferrugineuse ; à Dakar ou ailleurs j'avais bien compris tout de suite qu'ils étaient ménagés pour la circulation des voyageurs et le transport des marchandises ; mais ici je n'y songe pas, car le port paraît un détail accessoire auprès des trois arbres énormes, les kapokiers ou fromagers dont la présence sur le quai règne, essentielle. C'est pour cela que le rouge intense et mat du sol brodé de plaques d'herbes vert pomme, n'évoque pour moi qu'un tissu profond, un luxueux tapis oriental étendu là pour ménager un accès solennel auprès des arbres géants, vraisemblables divinités du lieu.

Les monstres semblent pourtant peu curieux de nos hommages ; il n'est point d'arbres aussi dédaigneux de l'humanité. La plupart des nôtres, en Europe, ne s'élancent pas vers le ciel sans laisser à notre portée ou renvoyer jusqu'à nos doigts quelque extrémité de feuillage amie ; le chêne et le châtaignier, familiers, suivent nos courses de leurs branches horizontales et ondulées ; mais les kapokiers ne nous regardent pas : ils partent et vont à hauteur d'un septième étage s'entretenir entre eux de leurs affaires, têtes éployées. J'en suis réduite à embrasser leurs pieds, puisqu'il faut bien qu'ils me les laissent, mais quels pieds royaux ! ou plutôt quelles puissantes griffes royales enfoncées dans le sol et si saillantes, qu'entre elles les anfractuosités forment des chambres où des familles pourraient se cacher !

Je suis au Grand Hôtel, près du quai, et cet établissement, tel un kapokier, est aussi une majesté. On n'y accède que par une terrasse très large, surélevée de quelques marches au-dessus du boulevard et violemment éclairée, le soir, par l'électricité. Dès le premier pas que je fais sur le gravier de cette esplanade, je sens que je bénéficie d'un accueil parfait de la part de tout ce qui m'environne. Je suis vêtue d'un costume tailleur de toile blanche et les autres voyageurs, tous d'origine européenne, que je rencontre, sont également vêtus de blanc. Je me rends au bureau, je monte au premier étage pour voir ma chambre, j'y fais ma toilette, je parcours la spacieuse vérandah en bois dont le parquet luit ainsi que l'émail, je jette par les larges baies un regard sur les végétations rutilantes des jardins voisins, je redescends dans la longue salle à manger, laissant ouverte la porte de ma chambre selon l'usage que j'observe chez mes voisins. Cela est si étrangement confortable que je me demande si je suis une cliente d'hôtel, vraiment, ou une invitée. A dîner, je suis assise seule à une petite table située dans l'exact alignement de vingt autres toutes de même juponnées de blanc. En face de moi, dans le deuxième rang de convives, seul aussi à sa table, un personnage masculin, poils soigneusement comptés et lustrés, non moins rigidement gainé de blanc que moi, quelquefois me fixe. Engainés et guindés aussi sont tous mes autres commensaux, hommes ou femmes, et les marges trop grandes qui règnent entre nous me font penser, de chaque dîneur, à un poème bref, mais si précieux, qu'on l'aurait déposé religieusement au centre d'une page. C'est en vain qu'à Paris ou à Nice, par exemple, les hôtels sont plus luxueux; je n'y ai jamais éprouvé comme ici le sentiment de la puissance ; la puissance est, en Europe, relative à la fortune et en dépit des décors, tout individu s'y sait, relativement à quelque autre, un prolétaire. Ma puissance jusqu'à présent n'avait été que très relative et voilà qu'à Conakry, très brusquement, elle se faisait absolue. Je possède une qualité nouvelle intrinsèque, une sorte de qualité royale que je partage avec mes compagnons de route depuis mon débarquement. Tandis qu'à Dakar j'avais débarqué comme en France, c'est-à-dire que j'avais été obligée, pour atteindre la ville et pour y circuler, de traverser la population, au besoin de la fendre ou de me garer, parfois de me presser, parfois de ralentir, parfois d'attendre, à Conakry je n'ai nul besoin de faire preuve de l'activité de quelqu'un qui nage ou qui marche, car l'ambiance même me soulève et me porte au gré de mes désirs, sans aucun effort de ma part. Conakry porte tous les Blancs au-dessus de sa population noire ainsi qu'un lac porte les cygnes.

Comme c'est la première fois que je constate le phénomène, j'en suis tout d'abord fort émue et intriguée ; mais la propriétaire de l'hôtel me fournit bientôt, sans le vouloir, quelques explications.

— Je n'ai pas vu mon boy, lui ai-je dit, de toute la soirée ; je suis étonnée qu'il ne soit point venu prendre de mes nouvelles, car il m'accompagne depuis Paris, Marseille et Dakar, fidèlement.

— Il est venu, me répond cette dame ; mais comme vous ne m'aviez pas prévenue que vous auriez besoin de ses services, nous ne l'avons pas laissé monter. Donnez-moi son nom et son signalement et ces jours prochains je le laisserai entrer pour prendre vos ordres à condition qu'il vienne se présenter au bureau chaque fois.

Je réponds de l'honnêteté de Mamady, ancien tirailleur que je connais depuis cinq ans.

— Il faudra qu'il se présente au bureau quand même, observe l'hôtelière, c'est un principe. Vous comprenez bien que si nous laissions circuler des Noirs dans notre établissement, nos voyageurs et nous-mêmes serions obligés de fermer à clef nos salles et nos portes.

— Et vous ne craignez pas d'être volés par des Blancs?

— A Conakry, il n'y a pas de Blancs dans le peuple.

Ainsi mon privilège m'était confirmé. Je pouvais goûter les privilèges d'une aristocratique naissance, bien plus évidente que celle des princes, puisque Dieu lui-même avait pris le soin de la certifier au pinceau sur ma face.

Certes, en tous pays, existe la caste des propriétaires et celle des indigents ; mais le respect de la police, dû aux premiers, quelquefois s'égare ; ici, aucune erreur n'est possible, la couleur de la peau faisant entre eux un tri net.

Après le dîner, composé de viandes et venaisons, agrémenté de glace, je retourne sur le quai vers les grands arbres et la mer. Il est neuf heures. Un triangle d'herbe courte et drue que je rencontre me donne envie de m'y asseoir ; mais la rosée est déjà tombée, très abondante et des grenouilles brunes sautent, çà et là, si grêles et si légères que je les prenais d'abord pour des phalènes. Je m'assieds sur un banc de bois que je trouve là, puis je m'y couche comme un mendiant de chez nous. Je ne me suis jamais encore, de ma vie, étendue sur un banc public, mais il faut bien que je m'assure, par un caprice, des prérogatives royales qui viennent de m'être octroyées. Dans l'axe de mes regards, au zénith, je vois de rares étoiles qui me sont inconnues ; j'aperçois surtout, circulairement, des gerbes d'éclairs blancs et mauves qui fleurissent les fonds et révèlent des îles toutes noires comme suspendues dans le ciel : les îles de Loos. Le grand silence n'est pas troublé par la mer d'huile ni par les indigènes, qui vont pieds nus ; seules s'entendent les sauterelles qui crissent de temps en temps. Humectés par ma transpiration d'une part, par la rosée de l'autre, mes effets collent à ma peau et j'ai peine à respirer l'air avec la vapeur d'eau, avec les effluves lourds d'un parfum semblable à celui des paulownias. Je me sens engagée, cette fois, physiquement et moralement, dans les rythmes d'une vie nouvelle. Mais c'est en vain que je voudrais m'en effrayer, que je voudrais éprouver l'angoisse de la solitude et du dépaysement. C'est en vain que je compare mon inadaptation physique à l'aventure, inverse, d'un poisson retiré de l'eau. Ma raison est aussi impuissante contre mon enchantement, qu'elle pourrait l'être en d'autres circonstances contre mon chagrin. Comme à l'instant de mon débarquement, je m'imagine toujours échouée au sein visqueux et dense d'une grande fleur. Le lieu dénudé et la nuit ne m'en dissuaderont pas. Ailleurs, il me faudrait poursuivre, pour les embrasser, les agréments épars de la nature ; mais ici, immobile et les yeux fermés, la splendeur des éléments tout à l'heure aperçus m'embrasse jusqu'à m'étouffer.

31 *octobre.*

Hier soir, j'avais surpris le boy de l'hôtel occupé à assurer la fermeture des larges et lourdes fenêtres vitrées du cabinet de toilette attenant à ma chambre. Toutes les baies de la spacieuse vérandah commune étaient, d'autre part, déjà closes.

— Que fais-tu là, malheureux? avais-je réproché au Noir. Tu veux me priver d'air pour toute la nuit?

— C'est pour la tornade... me dit-il sans me regarder, sans insister, et il disparut aussitôt, laissant libres les vitres.

La nuit, réveil en sursaut. Je me trouve dans un grand courant d'air ou d'eau, je ne sais d'abord, tant sa fraîcheur me saisit. Les battants de ma fenêtre, ceux que le boy tenait à fixer, claquent très fort : les vitres vont se briser. Je saute du lit pour leur sauvetage. Je réussis à m'envelopper la figure d'une serviette pour éviter de suffoquer sous l'afflux d'air humide, puis j'agrippe et déplace à tâtons des meubles pour caler la vitre libre contre son châssis car j'ignore la disposition des verrous et ne puis l'apprendre faute de lumière électrique, interrompue. La violence du vent, par sa pression, fait reculer la commode que j'ai interposée et je me sens défaillir dans l'effort de la repousser, je claque des dents très fort, je dois être verte, je vais abandonner la lutte et tout va se heurter et se rompre... mais c'est le vent qui cesse brusquement. Au même instant éclairs et tonnerre lui succèdent, multipliés. Quelle friction sur tous mes sens que tant de feux et de bruits ! C'est la résurrection après la noyade. Ma chambre est illuminée comme à ciel ouvert et les ébranlements formidables du ciel secouent l'établissement comme font d'un arbre grêle, les cueilleurs de prunes. Je suis tout à fait ravie. Voilà donc ces fameux « coups de poing dans l'estomac » que les coloniaux reprochent aux tornades ! J'encaisse, boxée, avec volupté. Sont-ils plaisants ces furieux assauts, ces simulacres de démolitions, d'incendies, et de catastrophes mimés au grand opéra de Dieu ! Quelle belle fête nocturne m'est offerte là ! Et voici la pluie, la pluie des tropiques qui ne se marchande pas comme en France, la pluie qui se livre sans coquetterie, en trombes. On dirait des tombereaux de graviers qui se déversent sur la tôle du grand toit.

De nouveau l'humidité a pénétré, mais plus dense, avec une odeur fade de rivière ; on pense à l'atmosphère à air raréfié de grottes fluviales, sous les cataractes.

8 *heures.*

Jolie matinée vernie. Après le café au lait, je me suis assise à la grande terrasse, face à l'escalier bref qui y donne accès, pour apercevoir Mamady au cas où il viendrait s'informer de ma santé et me rendre compte de ses recherches. Je l'ai chargé hier, en quittant le paquebot, de me trouver une chambre dans le quartier noir où je remplirai mieux ma mission officielle d'étude de la vie locale. En l'attendant, je fais ma correspondance. A des tables distantes, d'autres pensionnaires ainsi que moi écrivent et lisent ; mais l'un après l'autre ils se lèvent et montent en « pousse » : fonctionnaires civils, officiers, négociants, ils se rendent à leur bureau.

Si j'étais un reporter je me hâterais d'expérimenter le pousse pour une promenade, afin de pouvoir ajouter à mon carnet de route un élément de pittoresque. Ce petit véhicule à deux places, étoffé de sa capote pliée à cette heure-ci, ressemble à une calèche sectionnée en deux et munie de brancards, car il ne prévoit pas de cocher, faute de bête. Entre les brancards prend place un Noir qu'on appelle pousseur quoiqu'il tire, tandis que sous l'abri du capuchon ou devant ses plis, s'installe un Blanc. De cette voiture, en marche plus ou moins rapide, on ne perçoit que le bruit des vibrations de pièces centrales, car ses roues bandées de caoutchouc et les plantes élastiques de son tracteur humain sont silencieuses. Tout cela évoque assez de confortable, mais j'en remets la jouissance à un autre moment. Ce n'est certes pas que mon humanitarisme se révolte de la condition servile dévolue à l'homme noir, ni que ma pitié saigne de ses maux possibles ; c'est pour l'homme blanc et pour moi, sa compatriote, que soudain je suis inquiète. Le pousseur et son pousse font un assez joli groupe, homogène de couleur et de légèreté qui me rassure pour eux ; mais ce sont les « poussés » qui détonnent. Trop blancs et roses, trop gros et raides, ils semblent moins promenés qu'enlevés hors de la fine et multicolore foule nègre. Ainsi, au lendemain d'une cérémonie officielle, on enlèverait pièce à pièce les personnages du décor, grossièrement modelés en stuc.

Tout en m'occupant à écrire, je n'ai pas perdu de vue les marches de la terrasse et depuis quelques moments j'y remarque, appuyé contre l'un des petits arbres qui les encadrent, un Noir d'une vingtaine d'années. Il n'y est d'ailleurs pas toujours seul ; d'autres garçons de temps en temps le rejoignent, semblent, comme lui, attendre je ne sais quoi... peut-être la chance de commissions à faire de la part d'un Blanc? Cependant j'ai l'impression que celui-là seul qui se dissimule contre la verdure m'attend moi-même ; la minute dernière, il m'a semblé qu'il me saluait ; simple impression, car je ne connais pas ce Noir et le mouvement de sa main vers sa casquette ne fut sans doute qu'un geste embarrassé de badaud.

Je tâche à m'absorber dans ma correspondance et j'y réussis : je cachette mes lettres, je vais les déposer au bureau, je monte dans ma chambre où je procède pendant vingt minutes à l'inspection de mes affaires. Je redescends sur la terrasse : le jeune homme n'a pas bougé. Mais comment admettre, si c'est moi qu'il cherche, qu'il ne le manifeste pas plus clairement ? Depuis plus d'une demi-heure, il aurait pu trouver l'occasion de me faire transmettre par un boy sa demande, s'il en a quelqu'une à me faire ; quelle que soit la timidité dont il puisse être saisi à la vue de Nos Grandeurs blanches, je ne peux croire à tant de passivité. Cependant, quand je me décide enfin, énervée, à traverser la terrasse, l'inconnu remarqué ne s'esquive pas devant moi comme les autres. Il sourit, au contraire, et retire tout à fait sa casquette, joyeux.

— Madame, dit-il avec un parfait accent, c'est votre boy Mamady qui m'a envoyé pour faire savoir qu'il a trouvé la chambre en ville pour vous.

— Pourquoi n'est-il pas venu m'en informer lui-même? fis-je avec humeur. Ne vous connaissant pas, j'aurais pu vous faire attendre plus longtemps encore.

— Il est déjà venu deux fois ; seulement comme vous ne l'avez pas vu tout de suite il m'a demandé pour attendre à sa place.

Le jeune garçon est tellement content de son succès et de sa délivrance qu'il me remercie avec effusion avant même que je lui aie rien donné.

Dès que je suis descendue sur le boulevard, Mamady me rejoint.

— J'ai perdu l'habitude, en France, de rester longtemps devant les maisons comme un petit gosse, m'explique-t-il en me guidant à travers la ville vers ma nouvelle chambre ; mais ici, madame, c'est personne qui est ennuyé comme moi, pour ça.

— Tu dis que tu as perdu l'habitude en France, mais tu l'aurais perdue aussi au Sénégal. Jamais un Ouolof n'aurait attendu comme ton ami, que je le regarde pour venir me parler. Hier soir, en débarquant, j'avais déjà senti une grande différence entre les deux pays.

— Ça c'est vrai que Dakar a changé la manière de la colonie, convient Mamady en riant. Les citoyens français peuvent changer tout. Vous savez bien que les indigènes de Dakar, de Gorée, de Rufisque, de Saint-Louis, sont presque pareils aux Français. Ils sont jugés à la même place et payés presque la même chose dans tous les services. C'est pour ça qu'ils n'ont pas besoin de patience comme les hommes qui sont ici. Ici, l'indigène même très instruit, il est payé moitié pour le même travail que le Noir citoyen, et il est puni double pour la même faute. Les Ouolofs et nous c'est comme la chèvre qui est un peu méchante parce qu'elle a des cornes et la chèvre qui est douce de la tête comme les moutons.

La ville de Conakry est toute artificielle, c'est-à-dire qu'elle a été créée tout entière sur un plan. On m'avait même dit : Conakry est une ville bâtie à l'américaine sur une presqu'île plate ; il n'y reste rien du village primitif aux cases coiffées de paille. Des maisons carrées en briques crues ou cuites, toutes sans exception couvertes de tôle ondulée, bordent dix boulevards parallèles et plantés d'arbres, courant du nord au sud pour couper à angle droit dix avenues non plantées, courant en sens inverse. D'autre part, j'avais vu des photographies panoramiques de la ville à sa naissance, telle que l'ont connue le Dr Ballay et son collaborateur et successeur Paul Cousturier, mon beau-frère. On y voyait à l'extrémité ouest le palais du gouverneur groupant dans ses environs les services administratifs. Au nord, le port et le chemin de fer réunissant les comptoirs. A l'est, l'hôpital. Au centre, le marché cerné par les commerçants syriens. Au sud, les quartiers indigènes.

Des coloniaux, tout récemment, m'avaient confirmé la persistance de toutes ces formes architecturales, c'est-à-dire des éléments que nous sommes habitués à considérer comme le pire de la banalité et de la laideur. Or, Conakry est une féerie ! Elle est étrange, hardie, fantaisiste comme une féerie ! Mais les gens sérieux, précis, sont ceux qui font preuve en toutes circonstances de l'étourderie la plus grave. D'un être vivant, ils ne voient que le squelette et oublient la chair ; d'une tonnelle ils oublient les fleurs pour ne décrire que le treillage.

En décrivant le treillage symétrique posé sur le sol de Conakry en 1890 par les fondateurs, ils ont oublié de dire qu'on ne le voyait pas aujourd'hui, qu'on ne distinguait plus les rues ni les édifices, tout s'étant dissous depuis ce temps-là. Mais dissous dans quoi? Dans la végétation? dans la lumière? dans le mouvement des formes? Je ne sais pas, car ici tout est confondu. Un colonial m'a dit ce matin : « Comment pourrez-vous peindre à Conakry? On ne voit rien. » Il avait la nostalgie des rives méditerranéennes où il aimait dénombrer les villes, les villages et les villas dans les perspectives les plus lointaines, sous le haut ciel bleu. Et il est vrai qu'ici il n'y a pas de lointaines perspectives et pas de haut ciel ; le ciel est tout entier descendu, rose et dense, pour fleurir le bout des rameaux. Les autres éléments du paysage se cherchent de même pour s'entrefleurir et briller. On dirait d'un fouillis d'êtres joyeux qui bougent et crient. Ces mille manguiers au feuillage épais, d'un vert cru, aigrettés de pousses garance sont-ils des arbres ou des perroquets? Ces fuseaux noirs dressés, annelés de blanc et de bleu ne sont-ils pas de gros frelons plutôt que des femmes? Le sol de la chaussée n'est-il pas un parterre de géraniums? Il est si rouge que chaque tache de soleil y forme une fleur et chaque ombre une feuille. Espèces et règnes sont indistincts : arbres, soleil, individus, fleurs, terrains, murs, toits et nuages ne sont qu'une volière d'or pleine d'oiseaux.

1er *novembre.*

La chambre, que Mamady m'a trouvée, est en plein quartier indigène. C'est un cube évidé, régulier, spacieux, bien blanchi, meublé maintenant de mon lit, de chaises, table, pliants et de mes malles. Elle forme l'angle d'une maison sans étage située au coin d'un boulevard et d'une avenue. Elle est percée d'une petite fenêtre sur l'avenue verdoyante et peu passagère ; elle a accès sur le boulevard populeux par l'intermédiaire d'une étroite vérandah élevée de deux marches, close par des stores de bois qu'on soulève ou abaisse, grâce à un système primitif de crémaillère. L'aspect extérieur de ma maison est si léger que je peux le qualifier de japonais avec vraisemblance.

Du côté jardin, ma porte s'ouvre sur une terrasse couverte ornant les trois côtés d'une cour carrée commune à tous les locataires et meublée de deux manguiers, d'un bananier, d'une touffe de bambous, de deux petites cases-cuisine, d'un enclos-cabinets, de quelques mortiers et pilons à riz, d'une table. La terrasse couverte n'est meublée que d'un hamac appartenant à l'un des locataires et d'une natte. J'y fais placer une table et des chaises pour y prendre mes repas, écrire et recevoir mes visiteurs. La vue, en face de moi, est limitée par la palissade de deux mètres qui ferme le quatrième côté de la cour, et plus haut, par un enchevêtrement délicieux de feuilles de bananiers et de cocotiers.

2 *novembre.*

La chambre est décidément propre : ni moustiques, ni parasites n'ont troublé mon sommeil ; seuls m'ont piétinée de leurs rythmes hardis, tels des myriapodes, les notes des balafons et la musique passagère d'une courte averse.

J'ai poussé à six heures le volet plein qui clôt la petite fenêtre dépourvue de vitres donnant au nord, sur l'avenue. Dans la buée matinale, des femmes, des enfants surtout, vont et viennent, tête chargée, pour approvisionner chaque famille de l'eau et du bois quotidiens. Les garçons, jusqu'à huit ans, sont entièrement nus, ils sont ensuite couverts d'un petit boubou, chemise courte et sans manches de teintes diverses. Les filles restent toujours demi-nues et le pagne des plus petites ne tombe pas jusqu'aux genoux.

Je vois se rencontrer, allant en sens inverse,

deux de celles-ci, gamines au visage très rond, au torse encore plat et d'une fine maigreur exquise ; l'une est coiffée de l'ancien bidon carré de saxoléine qui sert ici de seau d'eau ; l'autre est chargée d'une corbeille pleine de patates qu'elle a dû aller acheter à l'extrémité de la ville. Cette dernière, fatiguée, a soif, et le récipient à hauts bords, juché hors de portée de ses lèvres sur la tête de sa compagne, la fascine. Les voyageuses se sont parlé, mais maintenant elles se taisent et se regardent, embarrassées : déposer chacune leur charge, si bien calée, serait trop risqué ; alors, la petite porteuse d'eau s'agenouille avec précaution et l'autre, assurant sur sa tête, de ses deux mains, sa corbeille de patates, se hisse sur le bout de ses pieds, tend le cou et parvient à tremper ses lèvres dans le bidon et à humer l'eau fraîche. Quelle opération délicate et périlleuse ; mais quelle gloire pour elles de l'avoir réussie ! Grande est leur gloire, mais plus grande est ma joie de les avoir vues et surtout de les avoir vues se sourire, après ce tour de force, sans échanger un mot.

Ma cour est fréquentée par le propriétaire malinké et ses deux femmes, par un couple de petits « sénégalais », par une couple de petites filles malinké, Kia et Naba, par un mauvais ménage ouolof-soussou, pourvu de deux enfants, par un bon ménage également ouolof-soussou, pourvu de deux jolis petits jumeaux ; par un célibataire soussou, par un blanchisseur foula, ses femmes et ses employés. Je me suis ajoutée, parisienne, à ces individus de races diverses avec Mamady, kissien et un jeune garçon de Conakry qui s'est déclaré son boy bénévole.

A la vérité les petits sénégalais n'appartiennent pas à une autre race, mais bien à une autre classe d'êtres : ce sont deux minuscules oiseaux, mâle et femelle, couleur lie de vin, qui ont choisi notre enclos comme résidence.

La couple de petites filles malinké est, avec les petits sénégalais, l'élément le plus gracieux et le plus permanent du jardin. Naba a neuf ans, Kia, huit. Toutes les deux, surtout l'aînée, sont graciles et très vives de gestes, d'intelligence et de sentiment.

4 *novembre.*

Un crieur court, ou plutôt se promène sur les boulevards muni d'un tam-tam pour annoncer que « le Général » (le général Mangin) repartira le lendemain à quatre heures et que la population est admise à aller le voir sur le warf. J'observe que lorsqu'il veut réitérer son invitation, tout fier de son importance, on le fait taire et on lui fait signe d'aller plus loin. Ce ne sont en somme que les tirailleurs, en service ou démobilisés, qui éprouvent du plaisir à contempler le général. Pendant la guerre, quelques-uns d'entre eux lui reprochaient ses témérités néfastes. Tout est oublié. Mangin a été le « boucher des Noirs »? Oui, mais il l'était tout spécialement, il ne l'était que pour eux, comme ils ne sont que pour lui ses enfants et victimes. J'ai vu hier Mangin parlant à ses soldats ; la parole du supérieur, lorsqu'elle se fait paternelle, est une caresse pour l'oreille d'un inférieur. La volupté du subordonné est faite de sa peur intense qui se corrige en sécurité.

Du 5 *au* 8 *novembre.*

Quand je m'assieds devant ma porte dans la cour et prétends écrire, je n'y parviens pas facilement parce que je suis des yeux, malgré moi, les déplacements des petits sénégalais qui semblent liés l'un à l'autre par un fil invisible et ceux des petites malinké qui ne se séparent pas davantage. Ceux-là, en quête d'insectes s'enfouissent incessamment au creux des ruchés du chaume ou de la tôle ; celles-ci, dès le matin, s'envolent en tous les coins de la cour pour les travaux du ménage : balayer, aller vider à la mer la jarre-cabinets, aller chercher l'eau et le bois, piler le riz, rincer les calebasses, allumer le feu... Malheureusement, tout ce travail s'accomplit au seul profit de leur tante qui est l'un des termes du mauvais ménage soussou-ouolof. C'est une mégère énorme, aux traits empâtés, qui reste affalée les trois quarts du jour sur une natte, somnolente mais non endormie, hélas ! car de temps en temps elle glapit avec une puissance de voix qui étonne, issue d'un corps si flasque, des ordres et des reproches à l'adresse des enfants.

— Nâh'ba ! Kih'hia !

Souvent il m'arrive de sursauter moi-même, à ses coups de gueule, avec la sensation de crocs dans ma chair.

Quand le monstre s'absente une heure ou deux pour aller au marché, ses victimes se livrent sans retenue à l'ivresse de la délivrance. Naba surtout, l'aînée, la plus nerveuse, joue avec la frénésie et la précipitation des êtres qui savent leur joie brève et précaire. Elle vient agacer Mamady, providence de tous les enfants. Alors qu'il vaque aux préparatifs de mon déjeuner, elle le tire par ses vêtements, renverse ou mêle par des gestes fous quelques ustensiles, se sauve, se cache, reparaît, rit, et sa sœur l'imite ainsi que ses cousins plus jeunes. Ce sont alors ces tournoiements, ces corps à corps, ces cris aigus que connaissent bien tous ceux qui ont joué avec des enfants surexcitables. Naba provoque aussi la mère des petits jumeaux, si jeune et si agile qu'elle reprend goût au jeu de cache-cache avec les petites. Elle les poursuit à travers le jardin, torse nu, peu gênée par un pagne matinal très court et ses gestes ressemblent à ceux d'un grand insecte noir tandis qu'elle agite, en guise de fouet, un mouchoir rouge et orangé et que ses longs seins, trop bien vidés par les jumeaux, semblent, tant ils flottent, vouloir s'envoler comme le mouchoir.

Le mari de la mégère est l'éternel occupant du hamac déjà mentionné. C'est un demi-fou. Le jour où je suis venue prendre possession de ma chambre, j'avais cru qu'il était aveugle parce qu'il regarde tellement en dessous et si fixement qu'on ne distingue que le blanc de ses yeux. Ma crainte de rencontrer chaque jour dans ma direction des sclérotiques hallucinantes n'était pas fondée : il ne prête pas plus d'attention à ses voisins qu'à ses enfants ; mais c'est peut-être à observer sa femme et à la haïr qu'il a contracté sa folie. On dit qu'il ne peut rester dans les places, maisons de commerce, où il feint de vouloir s'employer et qu'il se plaît à battre sa femme quand elle lui réclame de l'argent. C'est pour cette raison que celle-ci ne fait pas sa sieste auprès du hamac de son mari ; elle vient étendre sa natte à mes pieds et s'y vautre tranquillement, après m'avoir saluée en français en guise d'acte de foi en ma protection.

Le mauvais couple a produit deux enfants : un garçon âgé de sept ans, qui flâne toute la journée, et une petite fille de trois ans. Ce bébé, fort joli, est vêtu d'un unique rang de grosses perles bleu de roi passé autour des reins et d'une cordelette de cuir tressé entourant le cou pour y retenir entre les clavicules une seule grosse perle, rouge et plate. Le garçon qui a déjà les yeux faux de son père est entièrement nu ; les nièces Naba et Kia n'ont que des pagnes étroits et usés, gris, ou plutôt décolorés par les lavages. Leur grosse tante est bien vêtue de pagnes teints à l'indigo, de courtes tuniques blanches en broderie ou du grand boubou blanc des jours de fête. L'homme porte le boubou bleu des musulmans, la chechia de velours cramoisi, les sandales jaune citron. Il possédait même un parapluie, luxe dont il devait être justement fier comme le sont ses congénères à qui cet objet sert d'ombrelle ; mais il l'a cassé sur le dos de sa femme et mis en lambeaux un jour que je me trouvais dans ma chambre. Dépourvue de sensibilité comme elle le prouve à l'égard de ses nièces, l'épouse pachyderme n'a peut-être pas senti très vivement les coups de parapluie, mais elle a hurlé très fort, jugeant que c'est de bonne politique pour obtenir de moi des consolations sous forme possible de dons.

Elle ne manque pas d'à propos. Le jour où elle a appris que je suis la belle-sœur de l'ex-gouverneur Cousturier, elle m'a raconté aussitôt, par l'intermédiaire de Mamady, une anecdote à sa louange. Son premier fils, alors âgé de six ans ayant évité, par son geste, une chute dans une tranchée au fonctionnaire en promenade, celui-ci lui avait donné cinquante francs en récompense. On dirait, du ton onctueux de la voix de la narratrice, qu'elle fait valoir quelqu'un des exemples moraux d'un livre scolaire de préceptes ! La rusée sait joindre à la flatterie l'invitation à la générosité ; malheureusement elle ne sait pas toujours se contenter de l'invitation, quelquefois elle veut contraindre et cela la démasque. J'ai donné un jour à Naba, à l'occasion d'une petite course, les dix sous qu'il faut pour aller s'acheter six bananes, puisqu'elle les aime. Mais l'enfant a donné le petit billet à sa tante qui me l'a renvoyé comme insuffisant. Elle voudrait bien que le travail de Naba lui rapportât cinq francs l'heure, pendant ses siestes.

Le bon ménage est celui de la jeune femme aux seins plats, et de son mari, ouolof élégant et digne, en possession d'un bon emploi et de quatre épouses légitimes logées en quatre points différents de la ville. Il paraît qu'en fidèle musulman et époux, il accorde exactement le même nombre de nuits à chacune d'elles. Ma voisine allaitant encore ses enfants, il ne lui rend que des visites de politesse, selon l'usage. Je le vois, sa journée finie, entrer dans la cour, si fier qu'il s'infléchit en arrière pour renverser son buste et sa tête. Il me salue en passant et va s'entretenir cérémonieusement avec sa femme, sur la terrasse, puis il prend un de ses fils jumeaux sur chacun de ses bras et fait, ainsi paré, quelques pas dans la cour comme pour affirmer rituellement, en public, sa paternité symétrique. Je pense qu'il ne pourrait plus se charger de l'un des enfants sans l'autre ; il se croirait devenu bancal.

A l'heure de la prière, il place les bébés tout nus sur l'une des deux peaux blanches de chèvre que sa femme vient d'étendre par terre et il se prosterne lui-même derrière eux sur l'autre peau. Quand il se lève, ou au contraire touche du front le sol, les petits, qu'il prévient, tentent, avec une gaucherie délicieuse, d'en faire autant. Souvent, ils tombent et roulent un peu, tant ils sont ronds. Alors, craintifs, pour consulter l'humeur de leur père, ils tournent la tête si fort que je me demande comment elle pourra se rétablir dans son axe. Avant d'y parvenir, je vois la gracieuse boule de bronze hésiter, puis s'ébranler par petites secousses comme de peur de fausser le vissage délicat du cou.

8 *novembre.*

L'après-midi j'ai voulu m'installer sur le boulevard sous la voûte épaisse des manguiers, trouée par des lumières bleues. J'escompte, pour sécher ma moiteur incommode, la brise de la mer qui circule dans les artères de la ville par pulsations lentes. Je fixe mon chevalet au milieu de la chaussée. Quelle présomption ! Non que les véhicules y soient un danger : il n'y en a pas ; mais parce que l'îlot que je forme fige immédiatement tout autour de lui la fluidité des allants et venants. Interceptant la brise, cinquante, cent individus s'immobilisent. La périphérie de leur groupement comprimant le centre, la chaleur des petits ventres nus des enfants tassés contre mon corps m'est bientôt sensible. Elle accroît le malaise que me cause l'odeur forte et complexe d'indigo, de beurre de carité, de transpiration, de soumara (fromage végétal) émanée de la masse. Or, tandis que l'exotisme des odeurs me situe bien précisément où je suis, un parfum familier de cérébralité, qu'exhale la même foule, me ramène mentalement à mes antérieures séances devant les motifs des jardins parisiens. A la plus sommaire indication d'une forme animale, poule, veau, mouton, sur mon petit panneau, explosent de brusques rires, ici comme là-bas ; à l'apparition d'un objet prisé ou exceptionnel, bijou, ombrelle, circule un murmure d'émerveillement ; une ressemblance de visage provoque, chez les femmes surtout, une surexcitation très vive qui les pousse souvent à s'étreindre entre elles.

Bientôt débordant les deux flancs de mon

installation l'îlot des spectateurs allonge devant moi deux sombres caps qui bornent mon horizon à gauche et à droite. Malgré les efforts des premiers assistants lesquels s'arrogent un droit amusant de faire la police, je ne peux plus peindre. Je me contente de contempler, quelques instants avant de plier bagage, cette double haie humaine fleurie de faces aux plans clairs irisés, aux jolis yeux saillants, et j'admire ces diadèmes utilitaires : calebasses énormes et rouges, litres verts, bols minuscules, bûches de bois ou même fruits ronds posés négligemment sur des fronts tondus, comme on s'en débarrasserait en France, sur une desserte.

Aucun de ces spectateurs-là, placés devant moi, derrière mon chevalet, n'a rien vu de ce qui se passe entre ma toile et mon pinceau ; ce sont des participants en toute foi et innocence à une fête dont ils ne savent rien. Dans toutes les affluences populaires, il y a des gens comme eux qui ne les grossissent que pour communier dans l'émoi. Je remarque des jeunes filles aux têtes pesamment chargées de bois ou d'eau. Elles grimacent de fatigue et se raidissent, mais elles n'osent pas quitter, seules, le rassemblement ; cela leur semblerait sans doute sacrilège comme à d'autres une désertion de messe avant la fin.

Ce soir, un jeune instituteur noir est venu me rendre visite. Il voudrait aller à Paris. Toutefois la précision d'une date l'effraie ; il dit : un peu plus tard... Je lui demande s'il désire changer de carrière : il proteste ; s'il a des préférences pour l'enseignement secondaire : c'est précisément son cas. Il vient de commencer le latin avec un missionnaire étranger. Comme je trouve peu logique qu'il entreprenne, à vingt-deux ans, une étude qui absorbera tout son temps, il m'avoue qu'il n'est pas très décidé à la continuer et se décidera pour l'anglais. Ses études sont une question d'élégance. Les Européens font grand état de cette vanité des Africains ; mais il faut ne s'être jamais observé soi-même pour leur en attribuer la propriété. Presque tous, nous avons, pendant une période plus ou moins longue, mis notre préoccupation à posséder ce qui est le plus honoré, soit en science, soit en langage, soit en parures, soit en habitudes, et nous avons attaché à notre objet d'autant plus de prix qu'on tendait davantage à nous le refuser. Chacun de nous est un paria d'une catégorie différente : un commerçant de chez nous est estimé *a priori*, vulgaire, comme un Noir est jugé obtus ; c'est pourquoi le premier étale en parvenu ses prétentions à l'élégance, le second ses preuves d'intellectualité. Et si l'on m'objecte que c'est en toutes choses que les Noirs montrent des prétentions, je répondrai que c'est logique puisqu'on leur a tout refusé.

Depuis notre débarquement, nous sommes assistés, aidés, renseignés, Mamady et moi, par un gamin de quatorze ans nommé Soria qui ne nous quitte plus. Je m'étonne bien un peu de son assiduité, mais je le suppose maltraité ou mal nourri par sa famille, — qu'il a peut-être prévenue, d'ailleurs.

Quand je le questionne à ce sujet, ou au sujet de l'école qu'il ne suit plus, il ne répond pas, quoiqu'il connaisse fort bien ma langue. Je lui ai donné cinq francs en remerciement de ses services et de sa peine les deux premiers jours de mon installation ; depuis, je ne lui donne que sa nourriture car je peux facilement me passer de lui. Il n'en reste pas moins, — que je m'absente ou non, — devant ma porte, debout le jour et couché la nuit, de telle sorte que c'est Mamady qui le réveille chaque matin en arrivant. Les personnes que je questionne à son sujet me disent qu'il « fait le boy de mon boy ». Mais Mamady m'assure qu'il a connu bien des « boys de boys » et qu'il n'en a pas vu comme celui-là. D'après lui, Soria est un petit voleur très patient qui attend une occasion pour me dérober de l'argent ou des effets. Il m'en donne comme présomption la rapidité avec laquelle Soria pénètre dans ma chambre dès que je m'en éloigne de quelques pas. Il est vrai qu'à tout autre moment, il demeure tranquille, sans parler, regarde avec indifférence les divers hôtes de la maison et ne joue pas avec les enfants. Lorsqu'il nettoie, cuisine ou mange, il semble ne travailler et se nourrir que pour se distraire d'une attente, ainsi que l'on parcourrait un journal, dans une antichambre. Voleur est peut-être Soria ; tel quel je l'accepte, puisque dans ce pays les voleurs sont les gens les plus obligeants du monde, les plus attachés, et les plus désintéressés aussi jusqu'à l'heure incertaine où ils pourront s'octroyer un remboursement convenable. Je n'oublierai jamais toutes les précautions qu'a prises Soria pour nous éviter les courses inutiles, les énervants tâtonnements dans le choix de nos fournisseurs. Avec délicatesse et intelligence, il m'a fait bénéficier tout de suite de sa science de la vie commerciale à Conakry. Et qui me prouve qu'il est un voleur réellement? Si Mamady se trompait et que Soria n'eût à mon égard que la vocation d'un ange gardien, je n'en serais pas très surprise. En Afrique, l'étrangeté diabolique des Blancs peut bien créer chez les Noirs des simplicités célestes !

9 *novembre.*

Mamady est allé dernièrement chez un Syrien pour échanger contre une autre, utilisable, la bouilloire percée qu'il lui avait vendue. Ce commerçant l'a traité de sauvage. Il a été une autre fois chez un droguiste-papetier français pour acheter de l'encre à son usage et de la quinine pour moi, on lui a dit qu'un Noir n'avait pas besoin d'écrire ni de prendre de la quinine ; en vain a-t-il protesté que le médicament ne lui était pas destiné, il n'a pu obtenir que la qualification de menteur.

Ce matin il me persuade d'aller de préférence moi-même faire ma commande dans les magasins français. Beaucoup sont situés dans l'avenue centrale qui aboutit au palais du gouverneur. C'est la plus anciennement plantée de manguiers, lesquels se rejoignent à présent, malgré leur écartement, en voûte de forme ogivale. Elle est plus fraîche que les boulevards et c'est la seule où règne une circulation régulière de pousses.

Ici les agencements des sociétés commerciales n'ont pas besoin, comme à Paris, de rivaliser de grâce dans leur extérieur. De grands locaux ; pas de vitrines d'étalage. Derrière les vendeurs, les casiers ; devant eux de très longs comptoirs qui les séparent des acheteurs. Pas d'ornementation superflue, pas de coquetterie ; de la puissance. La marchandise européenne, à la colonie, n'a pas besoin d'être jolie, ni d'être bonne ; son origine lui suffit. Maurel et Prom, Compagnie Française, Société commerciale de l'Ouest africain, F. Chavanel et fils, Henri Galibert, etc., les seules raisons sociales, cela suffit. Dans ces magasins il n'y a pas de ménagères ni de domestiques venus pour choisir des denrées ; il y a des coloniaux et coloniales qui font des commandes de produits métropolitains. Je les ai vus souvent en sortir, même en pousse ; ils n'emportent rien, comme s'ils quittaient une église.

Ce matin, pour y aller, il va falloir que je m'habille moi-même en blanc, en coloniale. Depuis huit jours, j'en ai perdu l'habitude. Je me vêts ordinairement d'une robe-sac en batik bleu et bistre et d'un casque gris. J'ai fait du mimétisme, instinctivement. En changeant de robe aujourd'hui, je crains un peu de paraître déguisée. Le premier commerçant français que je visite est si blanc et rose que j'en perds le peu d'assurance qui me restait sur mon propre teint ; je dois ressembler davantage à l'employé noir, et, dans cette pensée, je m'adresse à lui ; mais le monsieur rose se précipite pour le remplacer et s'empare de ma personne avec cette cordialité respectueuse mais confiante que l'on témoigne aux gens qu'on sait de même confession que soi. J'en oublie ma liste d'achat et nomme au hasard une pâte de fruits. Je prétends payer et prendre le paquet, mais il se récrie : « Cela sera porté chez vous tout à l'heure. »

La fantaisie me prend, en rentrant, d'acquérir de menues choses pour les enfants sous l'un de ces nombreux toits de zinc de mon quartier auxquels sont directement suspendues les marchandises : objets de ferblanterie, mouchoirs de couleur, chemises, boubous clairs, cotonnades anglaises, chaussures, perles. Certes, il y a déjà longtemps que Mamady m'a dit : « C'est trop de Syriens, ici, à Conakry. » Je connais donc la présence de ces commerçants ; mais lorsque ayant quitté à angle droit la foule nègre de la chaussée pour entrer dans l'une des sombres boutiques, ma vue donne sur un Syrien, je suis très impressionnée. Les habitudes de notre œil installent vite dans la pensée, à notre insu, le canon de l'homme normal. Depuis mon débarquement, l'homme normal est, pour moi, le Noir. C'est le visage le plus noir qui me donne, à Conakry, l'impression confortable que me procurait au parc Monceau la blondeur d'un petit enfant. Le Syrien au visage cireux me paraît malade ; est-il un Noir déteint par l'ombre ou un Blanc ranci? Ses traits fort longs me paraissent tirés, ses yeux enfoncés, fiévreux. Cette fois encore je préfère donc m'adresser au commis indigène. Mais le Syrien a jailli de sa caisse, courbé, effaré, obséquieux. Ses mains s'agitent, il est très inquiet : qu'est-ce qui lui vaut, dans un tel quartier, la visite d'une Française? Ce ne peut être qu'une inspection, et ses yeux roulent, implorants, pour la première fois sans doute, vers son commis noir, lequel nous sert d'interprète. Lui, le Syrien, ne connaît que sa langue maternelle et le soussou.

10 *novembre.*

L'hôpital Ballay : autour d'un jardin, où règne l'élégance des cocotiers, s'élèvent, à un étage, de petits pavillons clairs. Deux médo cins français, les seuls pour toute la ville de Conakry, y exercent.

Un peu plus loin, l'hôpital indigène, austère : la nappe sombre et inerte des consultants déborde, telle une ombre épaisse, les bâtiments de l'infirmerie ; elle déborde aussi l'activité, cependant remarquable, des deux aides-médecins indigènes.

— Beaucoup de plaies, du paludisme, de la tuberculose, beaucoup de syphilis.

Et l'aide-médecin ouolof qui me renseigne ainsi, croit devoir insister sur la responsabilité des mœurs.

J'ai quitté l'hôpital, je me suis réinstallée à mon chevalet, sous ma vérandah. Un peu plus loin, j'observe un beau garçon vêtu d'une casaque indigo ramagée de blanc qui s'amuse à saisir le poignet des passantes les plus pesamment chargées. Elles ne peuvent se dégager brusquement, de peur de faire chavirer la calebasse qui les couronne et elles traînent leur assaillant quelques secondes jusqu'à ce qu'elles trouvent à lui décocher une injure assez cruelle pour desserrer ses doigts. J'admire que les gestes libertins de l'homme ne soient pas grossiers ; j'admire la légèreté de toute cette foule du boulevard indigène, et je pense à ce que les personnes sérieuses disent d'elle : « Les Soussou, intelligents, étalent entre tous les peuples africains la paresse, la vanité, la prostitution. » A quoi il m'est arrivé de répondre étourdiment : « C'est un peuple bien séduisant. » Et il est vrai qu'il est fâcheux pour les besoins de la propagande morale que la corruption soit aussi belle et les vertus inesthétiques...

On m'assure que dans la brousse je constaterai des mœurs plus sévères. Déjà, sur leurs photographies, les villages soudanais témoignent qu'ils savent contenir l'élément féminin : passé l'heure du marché, les voies que forment leurs murs d'argile sont tout le jour désertes ainsi que des avenues de prison. Ici, c'est en vain que les habitations, cependant plaisantes, appellent les indigènes pour les diverses nécessités de la vie : les repas, le travail, le repos, l'amour ; elles sont impuissantes à les retenir très longtemps. La foule soussou est fluide ; à peine aspirée quelques minutes par ses enclos elle s'en échappe et revient vite se déverser scintillante, sur le milieu de la chaussée.

L'école régionale est bien installée matériellement, et la directrice des huit classes et des sept maîtres indigènes est active et glorieuse comme une bonne ménagère. Quand j'arrive, elle ordonne d'une voix et d'un geste impérieux, aux écoliers qui sortent, la chute des coiffures et le silence pendant la traversée de la cour. De petite taille, tête dressée, elle a l'air d'une gamine qui joue à la classe ; on m'a dit qu'elle bat ou fait battre ses élèves noirs et je le crois bien volontiers.

Les compositions écrites ou dessinées par les élèves se ressemblent. A la vérité, dans toutes les écoles du monde il en est de même puisque ce ne sont pas les élèves qui font les devoirs, mais bien le professeur. Tout écolier, ne songeant qu'aux notes et aux places, abdique ses préférences en faveur de celles du maître ; c'est la logique. Ici, se conformant au programme colonial qui ne prévoit que l'œil et le bras du nègre, la directrice recommande l'observation, les précisions utilitaires, et les obtient. Pas d'art, ni d'imagination. Nous sommes loin des sujets métaphysiques ou moraux et des styles fleuris contractés chez les Pères. Ici on contracte le photographisme.

Chez les Sœurs, les nombreuses filles mulâtresses ou noires, — souvent arrachées à l'institutrice laïque, m'assure celle-ci, — savent bien mieux parler qu'écrire. Elles me paraissent surtout savamment modelées en forme d'ecclésiastiques, non moins que bien dressées en blanchisseuses et lingères. Leur voix est très douce ; leur tête, leurs mains, leurs regards savent se replier, vite, vers leur cœur, à la ressemblance de ceux des madones de l'école italienne, et c'est très imprévu en noir.

Quand, assise à ma table à écrire, je regarde à droite vers le milieu de la cour, je vois chaque après-midi, sur une large table, de grandes cuvettes blanches émaillées dans lesquelles un homme achève, parfait, le blanchissage de pièces de lingerie fine que ses femmes ont lessivées au lavoir la veille. Son torse rouge de Peul (ou Foula) luit, nu et moite, tel un cuivre neuf, auprès des mousses de savon crémeuses et des plis entassés du linge passé au bleu. Dans leur pays, m'a-t-on dit, les Peuls ne travaillent pas. Celui-ci, grand seigneur chez lui, œuvre ici comme un esclave ou comme un élève entraîné par la méthode Taylor. Son activité ne cesse jamais car il ne regarde personne. Comment peut-il reconnaître ses clients ? Au son de leur voix, sans doute. Il ne m'a jamais regardée moi-même ; il me salue sans se retourner et je ne l'ai pas encore vu de face. Cependant, il ne perd pas un instant la notion de mon existence car, ayant touché hier l'argent à lui dû pour le blanchissage d'un de mes costumes, — une dizaine de francs —, il me demande de lui avancer le montant du blanchissage du prochain complet. Il paraît qu'il entretient un village de parents et de femmes en certaine région du Fouta-Djallon. Entretenir tout un village, en payer l'impôt, cela lui coûte des jours entiers de labeur et plusieurs nuits de veille chaque semaine ; mais c'est encore plus glorieux que ce n'est fatigant. Vendredi dernier, quand je l'ai vu se rendre à la mosquée, drapé dans un splendide boubou héliotrope doublé de blanc pur j'ai compris qu'il allait se présenter à son Dieu et à son Prophète, avec grand orgueil, comme le bon pasteur de son beau troupeau d'âmes ; son sourire, qu'on n'a jamais vu, doit être gardé pour ce moment-là.

12 *novembre.*

Il y a des personnes, en France, qui me prennent pour une vaillante exploratrice. Ils s'abusent. Je ne conquiers rien, je suis plus ou moins conquise. J'aurais dû interroger et fouiller Conakry dans tous les sens ; or ce sont ses courants qui m'entraînent et me ballottent, comme un simple bouchon sur l'eau. Depuis mon installation au quartier indigène les menus faits quotidiens me bercent, insouciante, comme dans une anse, des remous.

Hier soir, je me suis laissé porter jusqu'à la place du gouvernement par la foule parée qui s'y rend pour la fête. Je m'y heurte avec elle, avant l'heure des danses, au treillage décoré qui déjà sert d'enceinte aux assistants blancs. Parmi eux, je pourrais retrouver d'aimables fonctionnaires rencontrés au cours de la traversée, mais je tiens avant tout à rester spectatrice et les arrivants français que je compte se voient tant, qu'ils semblent être le spectacle. Hésitante, je me fatigue debout dans la masse tiède des badauds ; je veux m'en aller et je me retourne déjà, lorsqu'un noir qui me regardait depuis quelques moments déjà, se décide à m'aborder. Il est vêtu d'un joli boubou bleu sombre et tient à la main sa chéchia noire, brodée.

— Vous ne me connaissez plus, madame? m'interroge-t-il. C'est moi, un boy du Grand Hôtel. On m'a dit que vous êtes Française de Paris, c'est pour ça que j'ai demandé partout pour venir saluer vous ce soir.

— Mais, lui dis-je, tous les Français qui sont ici sont comme moi. Marseille, Bordeaux, Lyon ou Paris, c'est toujours la France.

— Oh ! c'est ceux des autres villes qui disent comme ça, mais c'est Paris qui est mieux. Seulement vous ne voulez pas le dire. Si c'était rien que ceux de Paris, ici, tous les noirs dans la colonie ils ne seraient plus malheureux.

J'aurais voulu que le boy s'en allât ; je fis semblant de m'intéresser aux arrivants, mais je n'étais pas encore quitte.

— Ils ont dit que vous allez partir bientôt pour la brousse, me dit-il avec embarras ; alors, si vous me touchez la main avant de partir, je serai content, puisque c'est pour Paris que je viens saluer vous ce soir.

Je serrai sa main en riant pour en finir et il me remercia.

— Tu crois donc que les Parisiens sont comme le Bon Dieu et qu'ils peuvent sauver tout le monde avec le bout de leurs doigts?

Il ne me répondit pas et, sa chéchia encore à la main, s'en alla, grave, comme après une communion.

13 *novembre.*

Ce matin j'ai remarqué une très jolie jeune fille de quatorze ou quinze ans passant sur l'avenue la tête chargée d'une grande cuvette blanche, le buste orné déjà de deux petits seins durs. Le heurt de mon regard l'a arrêtée. Pourquoi? Je lui souris pour qu'elle se révèle. Elle me sourit aussi, puis elle tente de tourner la tête ; mais l'eau qu'elle porte, ombrageuse, se fâche, menace, houleuse, de franchir les bords de la vasque, et l'enfant s'en va.

Ce soir, avant le dîner, elle est venue me rendre visite cérémonieusement. Elle était vêtue d'un pagne collant et d'un boubou un peu transparent qui m'a fait songer à ces longues ailes qui engoncent les fourmis le jour de leurs noces. Elle était si belle que je voulais la peindre, mais sa mère l'attendait. Qu'était-elle donc venue faire? Sans doute répondre à mon flatteur regard de la matinée. Assise gravement, le regard baissé, Namina offre à la lumière la pure rondeur de son front bien découvert sous la crête malinké de sa coiffure ; on dirait d'une petite reine qui propose sa tête au bandeau. N'en ayant pas à lui mettre, je me contente de parer son buste d'un collier de perles dorées de cinquante sous.

Je n'ai jamais eu de visite aussi gracieuse, mais j'en ai reçu d'émouvantes d'anciens tirailleurs et élèves et des vieux serviteurs de Paul Cousturier. J'en ai reçu plus que je n'en ai fait. Depuis que j'ai rendu visite au gouverneur, apologiste ardent de l'agriculture, je n'ai plus guère quitté mon quartier. Ce n'est pas, de ma part, manque de confiance dans les enseignements de mes compatriotes, c'est excès de confiance dans ceux de notre compatriote Fabre, le naturaliste. A propos d'espèces et de races, celui-ci assure qu'il n'est profitable de se documenter chez les bons auteurs qu'après avoir regardé soi-même ses modèles avec un œil et un microscope innocents. Et cette innocence est très difficile à sauvegarder.

14 *novembre.*

Trois femmes foula, élégantes, sont venues me voir dans des circonstances qu'il faut préciser. J'ai déjà cité, parmi mes voisins, un célibataire soussou. C'est mon plus proche voisin de chambre et le plus familier aussi. Il est employé dans une maison de commerce anglaise, il porte un costume européen, paraît une trentaine d'années et parle au moins cinq langues : le foula, le malinké, le soussou, l'anglais et le français et me sert souvent d'interprète, même, malheureusement, lorsque je ne le lui demande pas. J'ai besoin de me répéter, pour le croire, qu'il est africain, tant, à l'inverse de ses congénères, il est indiscret. Il entre dans ma chambre, comme chez lui, sans frapper, dès qu'il voit la porte entr'ouverte et me demande « en cadeau » tout ce qu'il voit à sa convenance. Il ne dit même pas : bonjour, madame ; il dit : bonjour. Il n'a pas un extérieur vulgaire, d'ailleurs, et ne tient pas de propos malséants, mais il me demande d'un ton ferme de lui préparer du thé comme si je n'avais à faire qu'à le servir. C'est à fréquenter les Anglais, je suppose, qu'il a pris la passion du thé. Quand je lui présente le sucrier, il y prend une poignée de morceaux qu'il emportera tout à l'heure aussi tranquillement que s'il se constituait, avec mon assentiment, une provision. C'est peut-être de la fraternité et c'est drôle. Les amis de Mamady, paysans kissiens, sont aussi très simples, mais ils savent imposer des limites à leurs approches. Tels des escargots doués de sensibles cornes, ils osent d'abord, mais rebroussent chemin aux moindres aspérités de nos contacts. Mon voisin, lui, a l'âme plus sereine ; il réclame un morceau de mon pain quand il le présume frais et s'approprie sous un prétexte inacceptable la moitié de ma provision de teinture d'iode. Il a moins de chance avec Mamady qu'avec moi. Mamady est plus outré de ma patience que de son audace ; il refuse de lui faire du thé, en alléguant poliment d'ailleurs qu'il en est démuni, ou qu'il manque de l'aliment nécessaire à ma lampe à infusion. Une fois, pour valider cette dernière excuse, j'ai dû dîner froid de poulet et de crème, devant mon voisin déçu.

M'ayant entendu témoigner de ma passion pour les fétiches, il m'a conduite chez des femmes foula qui, dit-il, en possèdent. Il est invraisemblable que des femmes foula, musulmanes, possèdent des fétiches, et je ne me rends chez elles qu'en curieuse. Je suppose que l'une d'elles, ou les trois peut-être, sont ses maîtresses et qu'il tient à me les faire connaître pour que je leur fasse des cadeaux.

Elles me reçoivent avec la grâce un peu maniérée, impersonnelle, dont les citadines noires font usage, les femmes foula surtout. Elles me font asseoir dans la cour ombragée sur un de ces sièges de femmes, bas, en forme de champignons concaves ; puis elles s'excusent de ne pas posséder les objets qui m'intéressent. Elles me reconduisent cérémonieusement à dix pas dans la rue, puis rebroussent discrètement chemin, sans adieux. Le lendemain, elles m'envoient un poulet tout blanc comme on le doit aux visiteurs de marque et le surlendemain elles viennent me voir en grande toilette. Elles portent des pagnes longs et étroits comme des gaines égyptiennes, des boubous blancs empesés comme des ailes de cygne, des bijoux d'or en forme d'agrafe et des anneaux d'oreille massifs. Elles sont fardées avec le meilleur goût. Les ongles de leurs mains teintes au henné noir sont d'un rouge vif, leur lèvre inférieure est verte, leurs paupières, bistre, détachent le trait noirci des sourcils. Faute des coiffeuses peuls aptes à réaliser leur casque national, elles ont adopté la coiffure malinké plus basse, drapée de mouchoirs clairs. Deux d'entre elles approchent, je pense, de la quarantaine et sont assez fanées ; la troisième, cuivrée, jeune, possède les longs yeux, le nez fin répandus dans sa race. Elles me parlent du Fouta-Djallon et particulièrement de Labé où elles me recommandent leurs parents de qui je prends les noms..Je leur donne à choisir, au moment du départ, des colliers de perles en verre opalin ou doré. Quand je les reconduis jusqu'à la porte, toujours suivie de mon voisin et interprête, celui-ci interrompt indiscrètement nos adieux pour s'écrier en regardant vers le côté opposé du boulevard :

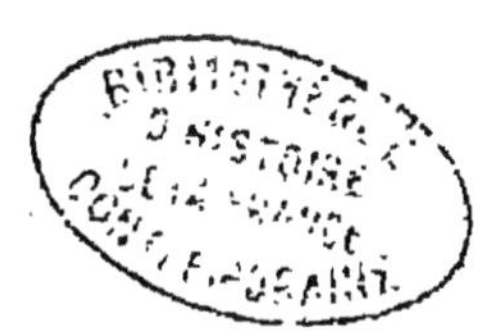

— Madame, le petit collier qui vous reste dans la boîte, il faut le donner à ce petit garçon qui est là-bas ; c'est lui qui est mon fils. Oui, oui, c'est mon fils, le tout petit-là endormi sur le dos de sa mère qui passe. C'est lui qui a besoin d'un cadeau.

La femme désignée n'a même pas tourné la tête à ses appels, mais il court après elle, l'arrête, me l'amène, me la présente comme sa femme. Je promets au zélé mari de donner un autre jour une parure mieux appropriée à l'âge de son petit bonhomme qui dort, en effet, profondément, tête pendante hors de la hotte maternelle. Mais il feint de ne pas comprendre.

— Si, si, insiste-t-il, donnez-lui ce collier-là tout de suite, il est bien quand même, c'est pas besoin d'un autre, donnez-lui, donnez-lui.

Je finis par donner quand même, en riant, à cause des autres femmes qui sont là et qui, d'ailleurs, sont restées impassibles. Ce qui me manque c'est, sur mon voisin, l'opinion de la mère du petit bébé et de mes trois visiteuses si correctes, si femmes du monde. Le jugent-elles un peu « piqué » selon l'expression qu'il emploie lui-même en parlant du monsieur ouolof aux yeux blancs? Ou bien, complices, admirent-elles sa hardiesse d'escamoteur?

J'essaie de surprendre entre eux des signes de connivence, mais vainement.

Hier, j'ai atteint à pied, par le boulevard extérieur et circulaire, la région de l'extrême est de la presqu'île où se trouvent le camp des tirailleurs et le poste de la télégraphie sans fil. C'est un quartier accidenté et plein de merveilles végétales, mais les Européens qui chaque jour prennent l'air en pousse, de cinq à huit heures, circulent de préférence sur la partie sud du même boulevard où se succèdent la grève noire des pêcheurs, le cimetière, l'abattoir, l'île du lazaret, et une bande déserte et dénudée de côte rocheuse qui sert de cabinets nocturnes aux indigènes. Certes, ici, les laideurs s'atténuent : la grève sombre est voilée par l'écume, les tombes par les hautes herbes, l'abattoir par le vol d'une centaine de vautours, le lazaret par les cocotiers, les excréments par le flamboiement vermillon de la roche. Pourtant, sans passion picturale, que peut-on venir chercher là? Ce ne sont pas les parfums, à moins qu'on ne veuille croire cet indigène pessimiste qui m'assure que l'Européen trouve parfumés et propres tous les lieux, quels qu'ils soient, où les Noirs ne se trouvent pas.

Minuit.

J'ai assisté, ce soir, à une fête indigène familiale donnée à l'occasion d'un mariage soussou. C'est un jeune fonctionnaire noir, affable et gai, qui est venu m'inviter. La mariée qui est sa parente, âgée de seize ans, a subi l'excision il y a deux mois ; guérie maintenant, elle accomplit ses noces dans son village et on se réjouit en son honneur à Conakry.

Deux numéros au programme : un tamtam public dans l'avenue et un bal à l'européenne dans le jardin du jeune fonctionnaire. Les tamtams à Conakry ne doivent pas leur prestige à leur mise en scène, au mystère de leur préparation. On voit les musiciens traverser isolément, çà et là, les rues de la ville, leur instrument suspendu au flanc : balafon, tamtam, viole à une corde, etc... Parfois, en chemin, ils s'arrêtent, bavardent et tirent de leurs instruments quelques sons. Quand ils se sont enfin réunis comme par hasard, au milieu d'une avenue peu fréquentée, ils disposent convenablement l'orchestre dont la pièce la plus massive est le kirindji, espèce de gong en forme d'énorme bûche, et le plus léger d'aspect, le voïssa khoumba, qui groupe, sur une sorte d'arc, des castagnettes. Dès que les musiciens commencent à jouer, il se forme un anneau de foule. S'ils viennent à se déplacer pour s'arrêter plus loin, un autre cercle plus loin se reforme. Ces anneaux sont fermés par les musiciens comme par le chaton une bague, et ils enferment les danseurs : tantôt des hommes, tantôt des femmes. Certes la situation du spectateur n'est pas confortable. Debout, prise dans la haie circulaire compacte des corps, je me fatigue et je transpire malgré qu'il fasse déjà presque nuit. Et je m'impatiente aussi, car pendant longtemps, les musiciens s'évertuent devant une arène déserte. Je me demande où sont les danseuses ou danseurs. Il paraît qu'ils font partie des assistants ; leurs têtes sont encore éléments de cette mosaïque de faces noires qui décore à toutes les hauteurs l'enceinte, intérieurement. La danse nègre n'est pas un spectacle réglé comme en France et l'énoncé d'une mesure ne suffit pas à émouvoir les danseurs ; aucune politesse ne contraint ceux-ci à la hâte : c'est aux rythmes d'être persuasifs, leur rôle est une entreprise d'amour. Les jeunes filles incluses dans la haie seront-elles séduites, amenées à danser? Cela semble bien incertain. Toutes également tranquilles en apparence, elles frappent en cadence leurs mains moites l'une contre l'autre et ce claquement de la chair doit être suggestif ; je le voudrais du moins, car ce long marivaudage m'agace. Enfin, deux très jeunes filles, buste nu, entrent dans l'arène timidement et leurs pieds, que les yeux surveillent, se mettent à marteler le sol, des pointes et des talons, alternativement et très vite. On dirait, de ces pieds, des pigeons noirs blessés qui se débattent, essayant de reprendre leur vol... puis y renoncent, car les jeunes filles se rejettent éperdues et rieuses dans notre foule où elles se cachent de nouveau. D'autres leur succèdent, pour aussi peu de temps, et cela recommence plusieurs fois, telles des tentatives qui échouent. Cependant les griots-musiciens, déjà ruisselants comme des tritons, s'évertuent ; les notes des balafons se précipitent avec un bruit frais de cascades et voilà des danseuses plus persévérantes et hardies, et voici enfin deux étoiles. Elles sont grandes, nues jusqu'à la taille sous d'étroites bretelles noires ornées de clochettes qui se croisent entre leurs jeunes seins dressés. Du velours noir, brodé de clochettes, ceint leurs hanches fines étroitement, par-dessus leur pagne clair. Une écharpe de gaze blanche est nouée au pubis et s'enroule autour d'elles quand elles tournent. Mais surtout leurs coiffures les caractérisent : en forme de tiares, de coupoles d'églises russes, mi-rouges et jaunes, elles forment, avec le visage, le tiers de la hauteur de leur corps.

Elles font d'abord des entrées discrètes : le buste penché en avant, elles agitent en haut et en avant, du bout de leurs doigts, des mouchoirs de couleur voyante ; puis elles feignent de se retirer; mais la musique pressante les en empêche. C'est alors que leurs pieds, très rapprochés, frappent le sol de telle sorte que tout leur corps en est ébranlé; tandis que les bras, de plus en plus, se collent au corps, les hanches pivotent et les épaules sont secouées de grands frissons qui se traduisent auditivement par le bruissement des clochettes. C'est là le prélude de l'ivresse, du délire dionisiaque qui ne tarde pas à s'emparer de l'une d'elles, puis de l'autre ; leurs torses maintenant se plient en avant, puis en arrière, d'un seul mouvement brusque comme si des vertèbres à hauteur de la taille s'étaient rompues ; leurs tiares semblent des massues qui voudraient démolir l'enceinte de la danse. La vitesse de ces chutes inverses se précipite et cette fois il semble bien que ce soit la musique qui s'efforce à la poursuite des danseuses. On sent que le moment est proche où la vitesse ne pourra plus humainement être accrue ; c'est ce moment que nous choisirions en France pour applaudir ; c'est celui où les assistants interviennent ici pour arracher les danseuses à leur frénésie car elles n'en sont plus maîtresses et elles iraient jusqu'au spasme. Plusieurs fois, ce délire se reproduit tantôt chez ces mêmes danseuses étoiles, tantôt chez d'autres jeunes filles. Toutefois il est des périodes où le phénomène n'apparaît pas. Et il y a des entr'actes, minutes pendant lesquelles les peaux des tamtams sont retendues à la chaleur des torches, tandis que les musiciens se délassent et se rafraîchissent.

Des hommes, à leur tour, ont dansé des pas où l'influence de l'islamisme me semble avoir altéré considérablement le génie nègre. Peu intéressée par des bonds, des écarts, de longs tournoiements de derviches, je me rends dans le jardin du jeune fonctionnaire où je suis confortablement assise et placée pour assister aux danses métropolitaines.

C'est depuis 1919 que de jeunes Guinéens, sortis des écoles, se sont groupés et ont appris à des jeunes filles les danses en vogue en France et en Angleterre. Certes, l'observation des pas est chose aisée pour tous les Noirs qui sont entraînés dès l'enfance à marquer des rythmes infiniment complexes ; mais les bostonneurs, fox-trotteurs ou valseurs portent des complets français et des bottines, tandis que les danseuses sont en pagnes et pieds nus, et cela met en évidence avec humour ce fait qu'en pays nègre, les femmes ne sont pas les compagnes des hommes. Les femmes forment des sociétés, les hommes en forment d'autres qui ont une science et des usages distincts. En ce moment, certaines sociétés d'hommes s'européanisent, car il faut vivre, et les sociétés de femmes ne s'en émeuvent pas encore. C'est pourquoi les jeunes Noirs français sont bien embarrassés pour représenter des danses exigeant le couple. Le couple est un objet nouveau ici et les relations que j'observe entre les danseuses et leurs cavaliers manquent d'assurance. Elles sont pourvues en revanche du charme que crée, justement, la gaucherie de l'inadaptation. La galanterie, en France, comme toutes les perfections, est désormais insensible et caduque ; celle qui s'essaie devant moi commence à respirer à peine, touchante comme un jeune enfant.

16 novembre.

Je partirai demain pour Kindia. Depuis que je suis à Conakry, il a plu presque chaque jour et la température n'a guère varié qu'entre 28° et 32°. Au Sénégal, en pays sec, pour éprouver une égale sensation de chaleur il faut de 30 à 40 degrés. Cela s'explique par le fait qu'au Sénégal, comme en France, il s'agit de la température de l'air, et ici d'un autre élément plus dense, donc plus opprimant : la vapeur d'eau. Les averses sévissant pendant la nuit, en général, je m'y suis habituée comme à une mesure administrative visant la propreté des feuilles, inséparable de la corvée des prisonniers qui brossent comme un carrelage le sol rouge, plutôt qu'ils ne le balaient. Chaque matin, dans des évaporations intensives, la ville ressemble à une vaste buanderie où tout se lessive, des murs jusqu'aux fleurs, où tout se passe au bleu si intense que les perspectives de mon boulevard en sont obscurcies.

Minuit et demi.

Les tamtams n'ont cessé de faire rage toute l'après-midi et la soirée d'hier ; mais puisque mon train sera très matinal, je me suis couchée très tôt et endormie au bruit de la musicale pluie des notes des balafons. Deux heures après des cris violents me réveillent en sursaut. Je passe un kimono, je sors. De la foule est massée sur le boulevard en face de ma porte et je m'y joins. Il s'agit d'une femme qui, ayant quitté son mari pour suivre un amant, est surprise et arrêtée dans la rue par son possesseur légitime. Elle prétend n'avoir pas d'ordres à recevoir et une âpre lutte s'engage. La supériorité de gueule appartient à l'infidèle ; si le mari veut saisir son bras, elle pousse des hurlements qui l'obligent à lâcher prise, à cause des spectateurs. Tandis que j'observe les antagonistes, je songe à ce qui m'a été dit des mariages indigènes : les filles cédées par leurs parents à l'épouseur le plus offrant ; un premier contrat souvent annulé après une période de vie conjugale, afin de conclure un contrat plus avantageux pour la famille. Auprès d'un noir d'une quarantaine d'années, un voisin, qui me salue, je plaide soudain la cause des femmes.

— Vous dites que leur mari les traite comme des bêtes? finit-il par répliquer, mais aussi, elles agissent souvent avec lui comme des bêtes irresponsables et méchantes.

Je me suis rapprochée de ma chambre dès

la disparition des mauvais époux emmenés par les assistants ; mon interlocuteur m'a suivie et cela ne m'étonne pas, car l'amertume de sa réponse prouve assez qu'il ne cherche qu'un prétexte à une explosion sentimentale. Il le trouve dans mon indulgence pour la glapissante mégère. Lorsque j'ai monté les trois marches accédant à ma porte, il met lui-même un pied sur la première marche pour assurer son équilibre que ses gestes troublent, car, au lieu de me souhaiter bonne nuit, il me raconte son histoire.

Sa femme lui a été ravie par un Blanc après sept ans de mariage. Elle lui avait donné deux enfants ; elle était gentille, elle était douce. Elle devint brusquement querelleuse et mauvaise. Il ne comprenait pas pourquoi. Il passait à son comptoir toute la journée et pendant ce temps-là l'Européen, sa femme et sa belle-mère s'étaient arrangés. Un soir en rentrant chez lui, il n'a rien trouvé : ni sa femme, ni ses pauvres meubles, petit luxe français dont il était si fier : une table, des chaises, un buffet, de la vaisselle ; il n'a rien trouvé, rien que le lit de fer et son sommier nu, sans une étoffe pour le recouvrir.

Le narrateur est éloquent et, par instant, lorsqu'un rayon de lumière électrique me les révèle, je peux voir ses traits réguliers s'altérer en maintes expressions tragiques. Parfois il s'arrête de parler parce qu'il souffre encore des faits qu'il évoque. Des plis se forment alors sur son front, tassés par la pression des sourcils relevés très haut dans une expression d'hébétude. Il s'étonne de l'acharnement contre lui de ce civil blanc qui n'avait pas l'excuse de l'ivresse orgueilleuse des soldats vainqueurs. Quand il décrit son abandon, qu'il raconte comment sa femme avait déménagé toutes leurs affaires pour les emporter chez sa mère, n'oubliant rien, ne lui abandonnant même pas un chiffon ou un morceau de sucre par pitié, sa voix se fait véhémente, sa face se contracte comme pour expulser les globes de ses gros yeux, tandis que ses bras volent au-dessus de sa tête et autour de lui, entraînant son ample sarrau de cotonnade bleue qui nettoie ciel et terre pour dire et redire vingt fois qu'il ne restait plus rien chez lui, rien sur le sol, rien sur les murs dont elle avait arraché jusqu'aux quelques photos et cartes postales qui constituaient leurs souvenirs communs.

Pour exprimer le néant dans lequel il passa cette nuit-là, assis sur le fer du lit, devant le cambriolage de sa maison et de toute son âme, il se laisse tomber comme dans un abîme par un mouvement plongeant de son corps.

Après, il parle du malheur d'autres Noirs avec la même ardeur et simplicité grave, avec la même voix sourde mais bien nette, qu'il ne craint pas de faire entendre à mes voisins de vérandah encore éveillés. Je sens qu'il est hors de la vie banale et des soucis mesquins de convenance. Et c'est pathétique lorsque, au milieu de son oraison, la lampe à arc qui, suspendue au milieu du boulevard, l'illuminait, baisse, puis rougit avant de s'éteindre, ce qui fait dire distraitement à l'orateur : « Tiens, il est minuit ! » mais ne l'empêche pas de poursuivre avec autant de passion, cette fois dans la nuit complète, sa course dans le domaine du sentimental.

De Conakry au Niger.

17 *novembre.*

Dès qu'on a quitté Conakry, c'est le silence. Silence pour l'oreille et pour l'œil ; plus rien ne bouge ou brille dans l'espace, dans la grande plaine endormie sous le ciel, entre les hautes montagnes bleues. La lumière est vive, sans doute, mais elle est trop également répandue pour qu'on l'apprécie. C'est ample et morose. Le soleil seul est peut-être joyeux, mais on ne le sait pas, puisqu'il ne permet pas qu'on le regarde. Je songe que le paysage tout entier n'est que son manteau, son manteau classiquement brodé de bleu et d'or et sur lequel il faut bien que nous abaissions nos yeux repoussés de l'auguste face. C'est une impression brutale de monarchie.

11 *heures.*

L'air circule bien dans le train ; les rayons du soleil, verticaux, n'y pénètrent pas.

Je n'ai à partager l'unique wagon de première qu'avec une dame et le gérant d'une exploitation agricole, qui me donnent d'intéressants détails sur la culture des bananiers, palmiers, ananas, etc.... Je peux aller et venir comme dans un salon ; je peux aussi aller m'appuyer sur la rampe de la petite plate-forme extérieure et notre terrasse terminale pour regarder fuir la voie rouge sang. Ici comme à Conakry la présence du fer est visible dans la roche locale, la latérite, et toute égratignure de la brousse, de la vêture d'herbe qui la recouvre ressemble bien à une plaie.

Dans une petite gare, escortant les bagages, je remarque un trio de personnages blancs, usant de la langue anglaise. Ce sont, me dit-on, des ingénieurs américains qui justement échantillonnent le minerai de fer de la région en vue d'acquérir des concessions futures d'exploitation. Ils sont en pourparlers avec le gouverneur, me dit mon compagnon, pour obtenir le droit de convertir en houille blanche les grandes chutes de la Konkouré, près de Kindia.

Je m'étais effrayée du voyage en chemin de fer guinéen ; il ne m'éprouve pas plus que la circulation sur les voies du Sud-France au milieu d'août, et mes émotions esthétiques ne sont pas non plus sans analogie sur les deux réseaux. Depuis qu'en montant, la vallée se ressserre, il m'arrive par moment d'oublier ma situation géographique, en présence des ocres, des verts, des ors si semblables à ceux qui décorent nos campagnes agricoles. Cette nature africaine que l'on traite étourdiment de sauvage, est vraiment bien polie d'avoir réunie ces couleurs familières, pour procurer au Français nouvellement arrivé dans la colonie, cette impression confortable que les vallées sont grassement fécondes, ici comme là-bas. Mais pourquoi ne lui procure-t-elle pas aussi l'illusion de quelques villes et villages? Il ne lui en coûterait pas beaucoup plus, au prix qu'elle met à représenter, avec des herbes sèches d'une part et des arbres rabougris de l'autre, l'or de nos céréales et l'émeraude de nos vergers.

La ligne de Conakry au Niger, dit-on, au lieu de desservir des centres de production, a le tort de s'isoler aux flancs des collines pour offrir des vues aux touristes. Aux touristes misanthropes alors, car on leur a bien caché la population rurale.

A chaque arrêt pourtant, un étonnement : du blanc et bleu, des bleus à profusion — costumes d'indigènes — décorent les gares comme un pavoisement. Je reconnais là cette flore que j'admirais à Conakry et que je retrouve ici plantée par touffes sur les quais. Avec les calebasses et les paniers jaunes et rouges, les oranges, les bananes, les ananas, cela ressemble bien plus à un parterre mouvant de pétunias rehaussés de renoncules, cela ressemble bien plus aux anciens jardins si coquets de nos gares qu'à des voyageurs. Des hommes? des femmes? des enfants? des fruits? d'où sortiraient-ils? Eclatants à voir et à entendre, ils n'ont aucune analogie avec l'aspect de la gare et des paysages si mornes. Et puis, comparés aux groupes de nos paysans, ils sont si propres !

Ma voisine de compartiment cependant n'en juge pas du tout ainsi. Lorsque, à l'une des stations, de nombreux voyageurs bleus et blancs des quatrièmes classes, engoncés dans leurs boubous et pantalons flottants de bons musulmans, se sont alignés et baissés pour un petit besoin face au talus, comme des femmes, elle ne peut contenir son indignation :

— Ces nègres, qu'ils sont sales ! Voyez un peu comme ils se gênent ! Voilà quatorze ans que je les connais et que je n'ai pu en supporter un seul.

Il est évident que l'installation des premières classes, grâce à certains détails pratiques, nous donne à la dame et à moi relativement aux voyageurs noirs des quatrièmes, un grand prestige d'immatérialité ; mais ce n'est tout de même qu'une supériorité apparente.

Midi.

En entrant à Kindia, je remarque dans l'une des premières boutiques européennes couvertes de zinc, deux sous-officiers français qui jouent au billard. Je pense à un petit restaurant ; je gravis les marches qui donnent accès à la classique vérandah, et je suis reçue par la patronne du débit, grosse commère active et mûre, qui appelle les deux jeunes français alternativement mon gros loup et mon vieux cochon.

La dame ne restaure pas, mais elle oblige : le pain, le vin, le sel, le café qu'elle nous procure nous permettent, à Mamady et à moi, de compléter, dans un angle de la salle, un repas dont les éléments principaux sont le poulet rôti, les bananes et les oranges que nous apportons.

Il fait très chaud et il n'y a pas ici comme à Conakry la brise de mer et les cascades des gammes tirées de leurs balafons par les griots errants, mais il y a les pittoresques jurons de Mme Picchini pour nous égayer, car notre hôtesse ne cesse de couvrir ses clients de noms tendres que pour insulter ses boys : « Merde de dindon noir ! nom de Dieu de cul de bouillote ! ah ! je t'y prends à voler mon sucre ! Ah ! je t'en ferai arriver du sucre pour bourrer ta petite gueule d'hippopotame ! » Et ce n'est là que la partie française de ces élégances, la partie soussou m'échappant.

Je suis d'abord intimidée par tant de luxuriance dans le vocabulaire, puis je m'y fais comme à un bénéfice du climat. Je préfère décidément cette dame à celle qui était l'instant d'auparavant avec moi dans le train, la dame trop propre qui n'aimait pas les pauvres. Celle de Kindia bien évidemment n'aime pas les Noirs : c'est un malheur. Mais il y a bien des gens d'autre part qui n'aiment pas le lait ni la crème. Les passions adverses pour les couleurs sont une chaude manifestation de la vie, et la passion ne peut aller sans injustice. Mme Picchini a une âme, au moins pour les petits sous-officiers blancs.

Je crois qu'elle m'aime déjà un peu aussi. Elle me gâte. Je lui demande si elle ne pourrait me loger. A son regret, dans son établissement, il n'y a pas de place. J'aperçois en effet plusieurs couchettes de sous-officiers dans les pièces d'arrière-boutique ; mais une inspiration lui vient : elle possède un ancien local de commerçant syrien composé de trois pièces. Elle voulait y créer un nouveau débit, « à la campagne ». Mais c'est trop loin, elle y a renoncé. Elle pourra me loger une nuit ou plusieurs à deux francs par nuit. Elle a un pousse, elle m'emmène. Me voilà écrasée à la température de 36° contre la paroi gauche de la voiture par la pression des chairs lourdes et roulantes de la matrone assise à ma droite. Heureusement que mon supplice est bref. La « campagne » où nous arrivons est à deux minutes un quart en pousse ; à pied, de son débit, j'y serais arrivée moi-même sans me presser en cinq minutes.

Quand nous revenons, les invectives que ma nouvelle propriétaire n'a cessé d'adresser à son pousseur depuis qu'elle l'a pris, se font plus violentes. Des rails fixés sur les voies publiques, à Kindia ainsi qu'à Conakry, permettent la circulation de wagons de marchandises poussés à main d'homme. Mme Picchini prétend que le noir fait exprès de passer dessus avec la voiture ; quand nous arrivons à la place du marché, couverte d'oisifs indigènes, elle éclate soudainement :

— Bête pourrie ! crottin de pute ! tu ne diras pas, cette fois, que tu ne l'as pas fait exprès, de casser mon caoutchouc ! je vais te faire saler dans la prison, canaille, cochon ! et puis elle poursuit en soussou sans doute plus énergiquement encore, car elle n'a commencé en français que par raffinement de politesse à mon égard. Elle a crié si fort que tous les indigènes des groupes palabrants se sont retournés. Alors le pousseur d'un seul geste abaisse durement les brancards et s'en va sans nous regarder. Il s'en va par dignité, à cause des spectateurs. Mais Mme Picchini est ravie, car c'est justement ce qu'elle avait escompté : nous sommes à vingt pas de chez elle, son boy viendra chercher le pousse et elle ne paiera pas le pousseur.

— Avec le boy aussi, m'apprend Mamady, elle va faire la même chose, elle l'appellera voleur quand il faudra le payer ; s'il a peur, s'il s'en va, il perdra son argent. C'est dur pour les boys, les derniers jours du mois. Il m'explique encore que le nom de Picchini, que je croyais corse, n'est qu'un surnom indigène signifiant cinq sous, montant habituel des libéralités de la dame à l'égard des Noirs...

Kindia, m'avait-on dit, a été bâti en étoile autour de la place. Je cherche les rayons :

quartier des Français, des Syriens, des Indigènes ; certains de ces rayons sont cassés. Les commerçants syriens qui n'exhibent plus des étalages flamboyants comme ils le faisaient paraît-il, au temps des primes et des allocations. Quelques-uns sont partis et la végétation les remplace très gracieusement.

18 *novembre.*

En ouvrant ma porte, au nord, ce matin j'ai épouvanté une dizaine de gamins soussou. Ils ignoraient mon installation derrière ces murs longtemps abandonnés et m'avaient réveillée en comptant leurs points à un jeu de petits cailloux sous ma vérandah.

C'est bien à la campagne que me voici, car je suis séparée du centre de la ville par un pont, — placé probablement sur une petite rivière qu'une luxuriante végétation aquatique me cache, — et par un quartier coupé de haies de purghères qu'amplifient des bougainvilléas, des goyaviers, des bananiers et d'autres végétaux qui me sont inconnus. Ma grande case de briques et de tôle figure seule au carrefour d'avenues qui furent peut-être construites de baraques pendant la guerre, mais ne sont à présent que de larges chemins herbus, bordés d'arbustes très émancipés. Dans ma cour même, au sud, de grands papayers et de petits sont venus s'installer par groupes entre les manguiers. On dirait des parasols inégaux qu'on aurait rapprochés pour ombrager une famille. Quelques-uns, isolés, sortent sans gêne d'entre les pierres qui servent de soubassement à la case.

A l'intérieur, à peine quelques toiles d'araignée salissent-elles un récent badigeonnage à la chaux. Point de mouches ni de moustiques. Comparé à l'atmosphère de Conakry, l'air me semble ici d'une légèreté surprenante, au commencement comme à la fin du jour. Il a plu un peu la nuit ; cela donne à toutes les couleurs de la profondeur et de l'éclat. Les personnages nus ou drapés qui marchent dans l'herbe semblent glisser sur l'émeraude ; les arbres fleuris ou non ruissellent de gemmes, et la très haute montagne, à l'ouest, celle qui coiffe le paysage d'un bonnet phrygien bleu, semble elle-même translucide. Je suis étonnée de tant d'acuité et de transparence. Après l'ouate bleue et rose respirée sur la côte, je touche ici le paysage des émaux.

Peu à peu, au cours de la journée, le quartier a pris conscience d'une présence imprévue en son sein. J'y suis tombée comme un aérolithe.

tandis que les Blancs, d'ordinaire, se font annoncer. Mon étrange attitude aimante une curiosité légère, individuelle. Tandis que je fais des croquis devant ma porte, de temps en temps se détache de la file des allants vers la ville quelque femme ou garçon qui vient m'apporter une petite offrande alimentaire. A ce prix sans doute ils pensent acquérir le droit de m'approcher de très près, de me regarder, d'éprouver mon humeur. L'un me donne une papaye, l'autre un œuf, un autre une petite calebasse de lait ou du riz bien décortiqué. Je leur tends quelques sous ou un bibelot qu'ils prennent sans hâte pour gagner des instants et passer des regards sur ma figure et sur mon pinceau. Des gamins nus sont entrés dans le fourré humide qui fait face à ma porte ; ils en ressortent brillants comme du jais et en possession d'une vingtaine de goyaves qu'ils déposent sous ma vérandah, puis se sauvent dans toutes les directions, dès que je les regarde en riant.

Pourquoi ai-je fixé mon départ à demain? Je vivrais bien là dix ans !

Les plans de terrain sont très nus et très amples, à Kindia. J'ai passé la moitié de l'après-midi à atteindre la rivière. Les champs de riz que j'ai traversés ressemblent assez à de l'orge, moins dorée et moins barbue ; ils ressemblent aussi aux champs de graminées sauvages, cent fois plus étendus, qui les entourent et qui déçoivent. Les arbres sont rares ; quelques-uns, très gros, d'ailleurs stériles, semblent fleuris de jaune. De près on distingue des milliers de petits oiseaux de cette couleur occupés à nourrir leurs petits à travers le col tors et renversé de leur nid en forme de gourde. Tels des papillons au seuil de fleurs trop profondes, ils sont contraints pour cela de voleter sans repos.

Des huttes classiques aux murs circulaires de terre battue, aux toits coniques de paille composent les villages agricoles, propres, pimpants, disposés autour de la ville, au nord ; j'y rencontre des élèves des missionnaires catholiques ; les femmes bavardent longuement avec moi, sans timidité.

Je visite la maison de la mission en rentrant. Le père L... possède la barbe et la cordialité débordantes, traditionnelles. Tout de suite il me confie :

— On ne comprend plus les nègres, plus du tout ! On leur parle de lois et de droits, à ces enfants ; c'est pitoyable ! Il ne leur faut, voyez-vous, que de bons parents bienfaisants, mais très fermes, comme nous sommes !

Et il paraît que, joignant l'acte au principe, il opère ses conversions, la tartine de miel d'une main, le martinet de l'autre.

19 *novembre.*

J'ai fait une promenade au clair de lune hier soir, sur un plateau couvert de hautes herbes, au sud, cette fois. Mamady devait se rappeler les sentiers ; il a fait ici du service militaire il y a dix ans. Les sentiers sont coupés. Au bout d'une demi-heure nous nous égarons et mon guide s'inquiète. Je ne réussis pas à m'inquiéter. La lune est au zénith et ne fait pas plus d'ombre sur la terre que dans le ciel. Depuis que nous avons perdu le chemin, nous fendons des herbes blondes et mouillées, légères comme les vagues d'une voie lactée où les lucioles à chaque pas jettent les brèves constellations de plus gros astres. Que m'importe ma direction? Partout les mêmes scintillements jaillissent. Sarcelle égarée au centre d'un lac, je soulève à mon gré tout autour de moi et avec autant de chance, des remous d'étoiles.

Ma visite officielle à la résidence a été vaine. En m'y rendant j'ai croisé l'administrateur qui allait à la hâte prendre possession d'un nouveau poste. Son adjoint, qui me reçoit, m'éclaire sur le rôle de la femme noire :

— L'Afrique est une grande dévoratrice d'hommes, me dit-il, et ce que son climat consomme de vies, la fécondité de la femme noire doit nous le rendre. Elle doit rester avant tout une pondeuse d'enfants. Son émancipation serait funeste.

Mais, est-ce bien le climat de l'Afrique ou l'ignorance des pondeuses qui détruit de 50 à 70 °/₀ des enfants?

En passant, vu le camp, largement étalé sur un majestueux plateau. Du type généralisé en Guinée, les paillottes des tirailleurs ont cependant l'air d'être en uniforme, comme les hommes sur le sol nu. C'est aveuglant et morne.

Mamou.
6 heures du soir.

Sur le quai de la gare, parmi les indigènes foula, tout bleus, deux personnages blancs.

— L'administrateur du cercle et sa femme, me dit le serre-freins, un vieux noir avec qui je bavarde.

Qu'attendent-ils? Je suis seule dans l'unique wagon de première classe depuis que j'ai quitté Kindia. C'est moi qu'ils attendent. Je n'avais pas pensé à cela ; j'avais oublié l'envoi de dépêches par le gouverneur. Certes, je n'ai pas oublié que je suis en mission officielle : à mes oreilles je crois encore entendre retentir les objurgations sacramentelles de l'adjoint : « La femme noire doit rester avant tout une pondeuse d'enfants. » Néanmoins je n'avais pas encore pensé que je pouvais être en mission à toute heure malgré moi. Hier encore, à Kindia, où je n'étais pas annoncée, j'éprouvais avec joie la spontanéité des contacts avec les indigènes puisqu'auprès d'eux je pouvais être la dernière des femmes blanches ou la première, au gré de la sensibilité et de l'imagination de chacun. Ce soir, je ne suis plus qu'un numéro du catalogue social et cela m'ennuie. Je me compare à ces manequins de carton des tailleurs qui, manchots, ne sauraient détacher de leurs complets neufs la grosse étiquette qui en indique le prix. Je vais avoir peut-être l'air souriant et idiot comme eux !

Mes hôtes aimables m'entraînent jusqu'au sommet de la côte abrupte dans leur demeure spacieuse et claire, décorée avec un grand goût et d'où l'on découvre à travers les arbres d'un jardin fleuri, une vallée fraîche, profonde.

Lorsque, en France, on m'avait appris qu'à

Mamou les fraises et les petits pois se cultivent mieux qu'en Provence, j'avais été saisie d'un grand étonnement ; mais sur place rien ne m'étonne : ici on est si peu en Afrique ! Mamou est une Afrique pour gens d'un goût délicat qui ne sauraient supporter l'exotisme que par pincées. Les bananiers ? les paillottes indigènes? Ils sont peu apparents et, au besoin, démentis par le classicisme du paysage.

20 *novembre.*

Au moment où j'ouvre la fenêtre, ce matin, il fait presque froid. Une jolie brume bleue éloigne les fonds, multiplie les plans. Sous mes regards, au fond de la vallée étroite, des nuages fuselés s'engagent, rasant le sol, telle une escadrille lente et silencieuse de dirigeables blancs. C'est exquis et paradoxal.

Et la population indigène? Elle ne m'inspire pas du tout confiance dans ce décor alpestre. Elle me semble artificielle. J'ai peur qu'elle ne soit truquée comme les bretons trop élégants qu'on exhibe en France, et je suis bien aise, à cause de ce doute, de partir ce matin même pour Labé. La courte promenade que je fais dans la grande rue aggrave mon impression : ce n'est qu'un double alignement de boutiques européennes et surtout syriennes ; on se croirait dans une de ces villes d'eaux où les mercantis rivalisent d'ingéniosité pour agripper l'or des estivants. Mais ces estivants ici qui sont-ils? Ni Anglais, certes, ni Américains, Scandinaves ou même Français. Foula alors? Ils sont si élégants à toute heure, ces Foula musulmans drapés de bleu, que j'ai bien envie d'admettre qu'ils ne sont, parmi les habitants de cette station, que la partie riche et volante, tandis que les Syriens, avides et sordides, en sont la partie indigène fixée au sol et à leurs étalages comme des araignées.

Nous quittons Mamou à neuf heures en automobile pour nous rendre à Labé. Cinq ou six heures de voyage. Nous allons franchir le massif du Fouta-Djallon. Ce massif boisé guinéen est célèbre. Tous les visiteurs distingués vont rendre hommage à sa beauté, et, grâce à l'excellente route de Mamou à Labé, le ministre des Colonies lui-même a pu aller récemment en automobile lui apporter la définitive consécration de sa visite.

Malgré tout ce que j'en avais appris, j'ai été d'abord confondue de la beauté de ce paysage. J'ai été confondue... de n'en être pas plus surprise. Elle m'était, sans que je la connusse, déjà familière, et après le long voyage que je venais d'accomplir, c'était quand même un peu décevant. Le Fouta-Djallon est un paysage de bonne société qui se garde de hurler son individualité africaine. Il est grave, bien équilibré, reposant. Ses montagnes, dressées en une seule courbe de leur base à leur cime avec la plus fière soudaineté, détachent les unes sur les autres et sur le ciel leurs profils sévères, comme en usent les monts corses ou thessaliens. Ces montagnes elles-mêmes sont couvertes de forêts classiques qui les drapent dans un irréprochable style ; on dirait des héros vêtus de la chlamyde. On n'y voit pas trop de ces arbres un peu criards, un peu métèques, palmiers, fromagers, palétuviers, baobabs, qui méconnaissent la discipline grecque. Elles n'agréent que des arbres universels, expressifs d'une sorte d'absolu de l'arbre, tels nos chênes. On dirait que Platon, Poussin et Maurice Denis les ont approuvés.

Si j'étais un peintre ou un poète imbu de classicisme, je serais heureuse de me retrouver, après la périlleuse rencontre d'originalités nègres, dans un paysage bien pensant. Si j'étais un vieux colonial, déprimé physiquement par l'Afrique, je serais heureuse de retrouver la patrie ou plus spécialement son climat ; car, afin d'être plus universel, le Fouta n'a pas hésité à abdiquer le climat africain pour offrir une fraîcheur tonique à ses hôtes. J'ai même entendu dire qu'il est question d'y créer, à l'altitude d'un millier de mètres, un sanatorium à l'usage de nos compatriotes débilités, et je pense à la joie des malades, des élus plutôt, lorsqu'ils s'élèveront vers cette station rivale de celles de nos Alpes, et aux conversations ultérieures d'élégante mondanité qui en résulteront à propos de légumes et de fleurs de France, de poireaux et de roses, et de la fraîcheur des soirs.

Mais je n'ai moi-même aucun droit présent ni futur aux plaisirs ci-dessus énumérés, car je ne suis ni fiévreuse, ni traditionnaliste, ni coloniale, et, pour la première fois depuis mon débarquement, je m'ennuie. Je m'ennuie à peu près comme si au lieu de statues nègres, on venait de m'offrir la Vénus de Milo. Je m'ennuie et je m'assoupis dans le confortable d'un concept familier, comme dans de l'ouate.

Quand je rouvre les yeux, aux tressautements de l'auto, je les laisse fixés sur la route ; je me suis désintéressée des seconds plans majestueux, je les fixe sur la route seule et je m'étonne de la trouver si éclatante, si rouge ; non pas que cette couleur du sol soit nouvelle pour moi ; toutes les régions que j'ai traversées déjà en bénéficient. Mais ailleurs, à Conakry par exemple, cette roche ferrugineuse qui nous paraît artificielle comme un fard, ajoute à l'étrangeté du décor, tandis qu'elle est insolente et insolite dans un paysage classique. Entre les courses des talus verts que notre ascension précipite, ce rouge s'avive si fort que je crois, dans les tournants, apercevoir qu'il se soulève comme un ruban.

Les coloniaux fatigués qui viendront ici pour oublier l'Afrique et ses habitants, auront envie de le soulever et de l'enlever, ce vermillon, comme une mauvaise plaisanterie des nègres, et il est vrai que sa violence au flanc de ces monts graves est un peu puérile. Elle serait puérile si elle se contentait de s'affirmer, mais quand je considère plus attentivement le ruban de la route, je m'aperçois qu'il n'est lui-même que le soutien, le canevas, de cette broderie délicate et prestigieuse que sont les passants. Les hommes, les Foula, leurs femmes, leurs enfants, brodent la route des bleus innombrables de leurs vêtements et des bruns violets, variés aussi et profonds, de leurs gestes grêles.

Presque tous les hommes que je vois se rendent au chef-lieu du cercle avec leur fusil afin d'obtenir pour cette arme la provision de poudre et le visa annuels. Les femmes se rendent au marché le plus voisin pour y vendre des oranges et des condiments. Ceux-là sont drapés verticalement de boubous unis, longs et flottants, qui ne laissent émerger que le cou et l'extrémité des membres. Celles-ci sont drapées transversalement de pagnes rayés et collants. Or, on dirait que pour alléger leur majesté, les hommes se sont ornés de l'antique fusil dont le canon démesuré rappelle une antenne de longicorne et qu'inversement les femmes, pour amplifier leur silhouette, n'ont pas craint de plier leur cimier de cheveux, le cimier du casque foula si célèbre, pour se couronner de ces vastes calebasses ou corbeilles remplies d'épices ou de fruits.

Lorsqu'à proximité des villages, ces passants indigènes se groupent richement entre les vagues pâles de leurs troupeaux de bœufs, je comprends enfin qu'à l'inverse des campagnes françaises où le paysan, informe, incolore, compte si peu, la campagne du Fouta n'existe que par l'homme noir. C'est lui qui me révèle un nouveau pays et anéantit ce que j'estimais au premier moment être le pays. Des fières montagnes qui m'ennuyaient, il n'existe plus rien à mes yeux qu'un écrin énorme, un écrin de luxe propre à honorer les bijoux, minuscules mais très précieux, que sont les nègres et leurs costumes. Ainsi Rembrandt créa des écrins d'ombre monumentaux pour nous présenter la fine orfèvrerie des petites lumières expressives de christs et de saints.

Au chef-lieu de cercle où j'arrive, c'est, ainsi que chez mes affables hôtes de Mamou : l'air de France. Nous nous y abordons comme en France, par les mêmes exclamations. Nous y parlons sur de mêmes sujets. Nous y dégustons de mêmes mets ; j'y admire tout autour de moi de mêmes visages et de mêmes objets. Toutefois, je sens que j'ai des gestes gauches, embarrassés, comme si je n'avais pas les mains libres : et elles ne le sont pas en effet, car, sans m'en apercevoir, en venant, j'ai roulé autour de mes doigts le ruban de la route écarlate, brodé de noir et de bleu et c'est à le dérouler et rouler tour à tour que je m'occupe machinalement, tandis que je cause à l'administrateur, à son adjoint, au trésorier et à leurs femmes très gracieuses.

21 *novembre.*

Une grande plate-forme surélevée de quelques marches, sur laquelle se dressent les murs sans fenêtres d'une spacieuse demeure rectangulaire coiffée de paille, agrémentée d'une vérandah. Tel est le type des cases du personnel colonial dont l'une m'est offerte.

Ici, ces cases voisinent par leurs jardins clos de haies de purghères, et cela forme, sur une petite colline, un joli hameau verdoyant et fleuri. Partout des roses, des roses variées parmi les hibiscus et les flamboyants. Labé est connu pour ses roses, pour ses oranges répandues à foison sur les arbres et le sol, pour ses légumes paradoxaux. Devant ma porte deux eucalyptus me rappellent mon jardin de Provence. Quelle charmante villégiature ! Ce doit être absurde de classer là-dedans — je parle de la résidence couverte de bougainvilléas — des papiers relatifs à une soi-disant population nègre, si lointaine, vue d'entre ces fleurs ! La population indigène, c'est cette machine qu'on est venu de si loin actionner, machine à rendre l'impôt, les matières premières et les soldats, qui est inconsciente et indifférente au glorieux rendement que l'on attend d'elle et que ses moteurs, les chefs (oualis ou karamokos), les représentants, les interprètes, les anciens tirailleurs surtout, cassent ou abandonnent.

J'ai quelque peine à quitter mon jardin

pour aller visiter la ville indigène. Elle est située de l'autre côté d'une étroite vallée, à un quart d'heure de marche, sur le sommet d'une colline. Elle est si dépouvue d'arbres, ainsi que ses environs, elle est en si complète contradiction d'aspect avec l'oasis que j'habite qu'elle semble témoigner d'humeur, ou affecter un brutal pittoresque. J'ai peur qu'elle ne soit qu'une simple curiosité naturelle qu'on va visiter par conscience de touriste, mais où je ne pourrais vivre deux heures. Si je m'y rendais tout de suite avec l'interprète, avec un guide, je croirais céder à la suggestion d'un Bædeker.

Je ne m'y suis rendue que le soir vers cinq heures, et toute-seule, par un raccourci pierreux. Au creux du pli de terrain qu'il me faut franchir, un petit ruisseau tarissant s'étire aussi complaisamment que possible pour fournir à la population l'eau à boire, à ablutionner, ainsi qu'à laver les peaux de bœufs et le linge. Tout le monde forcément se touche. Pour le chef-lieu du plus grand cercle de la Guinée, celui qui paie le plus d'impôts, ce pittoresque que je note dans une aquarelle, est tout de même un peu trop rustique et nous fait peu honneur. L'arrivée à Labé n'est pas plus séduisante. La place carrée où j'accède est trop grande pour le bâtiment du marché ridiculement petit, placé à son centre. Il paraît qu'elle était meublée autrefois d'une pépinière de cases de commerçants dioula ; mais le voyageur, aujourd'hui, la trouve déserte. En m'y aventurant seule à cette heure maintenant avancée, j'y suis victime d'une agression. Une jeune fille de quatorze à quinze ans, ni blanche ni noire, solide et vive, se précipite tout à coup sur moi, me prend la main, la serre fort, me demande de mes nouvelles, de celles de mon mari et de mes enfants, s'informe de la durée de mon séjour ici, de la situation de ma case et m'entraîne chez elle au coin de la place. Je la suis, un peu interdite, cherchant à me rappeler où je me suis fait cette grande amie... Je chercherais en vain. C'est tout simplement une Syrienne qui ne m'a jamais vue mais qui me guettait depuis le matin, sachant ma venue, pour m'enlever aux autres Syriens, ses concurrents. Dans la boutique où elle me fait asseoir je me trouve en face d'une vieille au teint d'huile, aux yeux et au poil de fouine noyée. Je lui commande du pétrole et je vais poursuivre mon exploration. Au moment de rentrer je me rappelle que ma nouvelle cuisine est insuffisamment approvisionnée de bois et je confie cet embarras à l'un des commerçants chez qui j'ai déjà fait une commande de pâtes, de sucre, de farine... Le Syrien fait signe à son commis noir, notre interprète, qui revient avec un volumineux fagot de bois sec : c'est un cadeau ; puis, aux aguets des rares passants, hèle sur la place un noir, le charge brutalement sans rien dire et d'un geste impérieux lui ordonne de m'accompagner. L'homme se soumet sans entrain. Sa face est triste ; il me regarde avec hébétude tel un prisonnier. Je constate cependant qu'il n'a pas de chaîne ni de carcan autour du cou et je le précède pour lui indiquer le chemin. Il me suit très exactement, emboîtant mon pas. J'ai une sensation nouvelle, celle de posséder un esclave et celui-ci, pour sûr, en est un, un matchudo, avoué ou non. Je m'arrête pour parler à Mamady qui me croise. Je sens derrière moi l'homme aussi résigné à m'attendre que le serait mon ombre, et je crois, quand je le remets en marche en avançant moi-même, que je le traîne. J'ai hâte d'arriver, de l'amener jusqu'à la case-cuisine. Sur un signe, il se décharge, il se retourne sans me regarder et il s'en va. Je le rattrape pour lui donner quinze sous. Il ne comprend pas. Il laisse la monnaie sur sa main ouverte ; plus impassible et triste qu'avant, il attend une explication, un ordre nouveau. Je l'invite avec un sourire à fermer sa main. Il hésite un moment, mais il a compris. Ce n'est pas une nouvelle corvée à faire, ce n'est pas une rétribution, c'est un cadeau ! Alors il sourit pour la première fois, me prend la main comme il le ferait à un camarade et s'en va, allègre, ravi de son aventure.

Pourquoi donc cet élan fraternel vers moi au lieu du merci servile qu'il eût sans doute donné à son maître? J'ai l'impression que l'imprévu de mon cadeau s'ajoutant au mystère de ma couleur blanche, l'avait jeté une minute dans une sorte d'au-delà humain, au-delà des castes maudites. Le jour où l'intérêt ne permettrait plus aux hommes de se reconnaître entre compatriotes, entre frères, c'est de race à race lointaine que pourraient se retrouver tout à coup les sentiments perdus d'affinité humaine.

22 *novembre.*

Je dors trop bien à Labé, grâce au calme et à la fraîcheur des nuits. Ce sont presque toujours les quatre prisonniers attachés par le cou deux à deux, qui me réveillent en venant m'apporter ma provision d'eau quotidienne.

— On les attache avec des chaînes, m'explique le garde-cercle qui les escorte, parce qu'il n'y a pas moyen autrement pour garder les Foula. Cent dans la prison, tous voleurs bœufs.

— Mais ce sont des matchudos, d'anciens esclaves, qui volent pour vivre?

— Non pas tous matchudos, c'est beaucoup Foula aussi qui volent les bœufs.

Cet après-midi l'un des instituteurs indigènes m'a expliqué :

— Chez les Foula, souvent, le vol est une élégance. Le vol doit prouver l'audace, l'initiative, la patience, le mépris du danger, toutes les vertus. C'est un souvenir de mœurs des nomades. Des fils de chefs se font un honneur de voler plusieurs bœufs pour leurs fiançailles et il y a des sociétés aristocratiques où on ne saurait être admis qu'à condition d'en avoir volé dix.

A la bonne heure ! Ces enchaînés que l'on pousse, haletants, à coup de crosse et de baïonnette sont des héros, je m'en doutais bien un peu. Pourquoi ne serait-ce pas glorieux de voler et honorable d'être en prison puisqu'aux yeux de tant d'autres gens il est glorieux de tuer et honorable d'être mort?

A visiter leur prison, du reste, on se convainc facilement que les prisonniers Foula n'ont que très peu par leur installation à envier aux morts.

23 *novembre.*

Le quartier du commerce franchi, Labé n'est plus qu'un dédale de ruelles vertes formées par les haies parallèles de purghères qui limitent les carrés respectifs des chefs de famille. Dans chaque enclos il y a des cases de femmes, d'enfants, outre celles du patriarche et de ses parents, un ou deux orangers centenaires au feuillage émeraude noir étoilé de jaune, et il y a de petites plantations de coton, de mil, de patates, d'arachides, de manioc, de diabéré, éléments essentiels à la vie indigène. C'est à l'abus, dans l'alimentation, des bulbes du diabéré et des oranges que certains attribuent la destruction prématurée de la denture des Foulas.

Elles sont juponnées très bas, ces cases cylindriques d'argile, par leurs toits de paille fine ; elles font penser aux dames d'autrefois qui cachaient leurs jambes jusqu'aux chevilles. Au Fouta-Djallon règnent deux mois de chaleur violente, quatre mois de pluie torrentielle et le thermomètre descend jusqu'aux environs de zéro vers le milieu de la saison sèche et fraîche que j'expérimente. Sans doute ces belles robes de paille isolent-elles leurs occupants de ces excès inverses de température.

Je visite les petits artisans aujourd'hui, les forgerons, les potiers, les teinturières qui font des espèces de batiks blancs et bleus en plongeant dans l'indigo des étoffes ingénieusement plissées et cousues pour faire des réserves ; je rencontre les tisserands confortablement assis qui font mouvoir, des pieds et des mains, leur métier à tisser ces bandes étroites de coton blanc que l'acheteur réunira à l'aiguille. Je vais, ou plutôt nous allons, Mamady et moi, de plus en plus vite à travers les demeures de ce menu peuple des gens de caste dont plusieurs, esclaves amenés de l'est jusque-là, peuvent répondre en bambara aux salutations de mon guide. Une femme observe :

— Madame court partout vite pour voir le pays, mais elle ne s'arrête pas. C'est pas bon tout à fait. C'est bien, regarder ; c'est mieux, rester un peu avec nous.

Alors je m'arrête et je serre en riant beaucoup de mains de vieilles paysannes, rassemblées là, dont les mamelles pendent inutiles de leur buste long, striées comme des figues mûres.

Au bord d'un champ, je regarde un groupe de femmes occupées à récolter des arachides. Elles grattent à peine la terre de leur petite houe pour les découvrir, — on croirait que c'est un mauvais plaisant qui les a cachées sous ces cailloux rouges. Soudain, une des travailleuses, une jeune fille aux seins raides, se dresse, court jusqu'à moi, me loge au creux de la main, en riant, une dizaine de graines d'arachides et rentre dans le petit troupeau de ses compagnes pour s'y dissimuler, le travail repris. Elle avait dû hésiter quelques bons instants avant de me faire le petit cadeau, car les graines sont aussi chaudes et moites que ses doigts. Je fais mine quand même d'en manger comme font les grandes personnes pendant les dînettes d'enfants. Quelques femmes rient. Auraient-elles compris?

24 *novembre.*

Un ancien tirailleur qui a reconnu Mamady au cours d'une de nos promenades m'invite à venir me reposer dans sa case. Il me faut presque ramper pour y pénétrer. Et quelle crypte ! Un petit feu rouge, au milieu, l'éclaire à peine. Je distingue cependant, adhérente aux murs, une maçonnerie de briques et d'argile qui modèle les formes de sièges et d'un lit décorés d'ajourements dans le goût arabe. Du côté opposé au lit, plusieurs malles d'origine française : ce sont ses armoires. Sur les parois du mur, des piquets de bois, qui furent fichés dans la glaise du mur pendant sa construction permettent l'étalage en panoplie d'un casque colonial, d'un fusil à pierre, d'un sabre engainé de cuir et d'un uniforme.

La femme de mon hôte est venue poser près du feu le dîner de son mari, calebasse pleine de riz couverte du léfa de paille et elle s'enfuit discrètement ; il faut que je la fasse rappeler pour qu'elle consente à répondre, par l'intermédiaire de Mamady, à quelques banales questions et à prendre la main que je lui offre. Je sais bien que ce n'est pas moi qui l'intimide : c'est son mari.

— C'est seulement devant leur mari que les femmes indigènes ont honte, m'a déjà expliqué Mamady ; mais quand on les trouve toutes seules elles racontent tout.

L'ancien tirailleur se plaint : cette année on lui a volé six bœufs et un mouton si gros, qu'il l'avait payé cinquante francs.

— L'ancien tirailleur, dit-il, est très malheureux ; c'est tout le monde qui le vole et l'administrateur est toujours contre lui parce qu'il dit qu'il réclame trop. Les chefs indigènes aussi ne regardent rien que l'administrateur et le gouverneur. Ils ne font rien pour personne, ils s'en foutent. Qu'est-ce qui change ici? rien. Les chefs foula qui ont pris le pays ici autrefois faisaient changer beaucoup de choses. Il y en a qui ont fait planter partout les gros orangers qui sont tous très vieux. Qu'est-ce qui pense à planter maintenant? Qu'est-ce qui pense à demain? On attend les Français pour penser. Quel commerce que l'on fait ici? Les Foula gardent leurs troupeaux, ils ne cultivent pas pour vendre, ils font cultiver seulement pour nourrir leur famille. Quand ils amènent des bœufs au marché, c'est parce qu'ils veulent l'argent pour acheter un boubou, un fusil, un cheval. Maintenant la peste bovine a tué la moitié des bœufs, les Foula sont moitié pauvres... ils ne changent pas.

Par son fils, qu'il avait chargé de guetter ma sortie de la ville, un notable foula m'invite à l'aller voir. Je pense qu'il a une communication grave à me faire. Mais non. C'est un vieillard élégant et distingué qui porte au poignet son chapelet de musulman et me reçoit avec une courtoisie parfaite. Il m'a offert sa chaise d'apparat et s'assoit sur la natte. Comme Mamady nous sert d'interprète, la conversation est bien laborieuse, le vieillard ne connaissant que très peu de mots malinké. Mais, à l'inverse de l'ancien tirailleur, mon nouvel hôte est content de tout. Il loue l'administrateur, le gouverneur, les Français, les chefs, le temps, la récolte. Je suppose qu'il ne me reçoit que parce qu'il juge l'occasion bonne pour lui d'exercer sa politesse à l'égard d'une personne ayant rang social. J'avais déjà remarqué ailleurs que, chez certains musulmans, l'exercice de la politesse est nécessaire à la vie, comme à certains, en Europe, les sports, le flirt ou d'autres élégantes manies.

Du 25 au 30 novembre.

Le chef de canton, un vieillard, chargé de m'accueillir à Labé et de me ravitailler, est en tournée de recensement. Quand il a appris mon installation au poste, il m'a envoyé un de ses parents pour l'excuser de ne pouvoir venir me saluer lui-même. J'irai voir ses femmes un après-midi.

— Il en a vingt-sept, me dit l'interprète noir ; mais vous n'en verrez que dix à Labé, les autres sont réparties dans divers villages.

Il n'a pas d'enfants. C'est un cas exceptionnel. Toutefois plusieurs notables foula ont un nombre d'enfants très inférieur au nombre de leurs femmes. Impuissants, mais riches, ils ont tenu à épouser des veuves ou des divorcées munies de leur dot — on la leur laisse ici, d'après la loi musulmane. — Ils accumulent ainsi, non des épouses inutiles, mais des troupeaux qui représentent les dots. Les Foula ont la manie d'accumuler les troupeaux (qu'ils ne vendent pas, d'ailleurs) comme les autres noirs collectionnent les enfants, et certains, l'or en poudre ou en anneaux.

Les dix épouses citadines sont venues au-devant de moi jusqu'à une centaine de mètres de leur case, lorsque ma visite leur a été annoncée. C'est, entre les murs verts de la ruelle, une jolie procession aux couleurs virginales : épais pagnes bleus et légers boubous blancs un peu empesés, le tout étoilé de roses et de verts et rehaussé d'une profusion de bijoux en or.

Elles m'introduisent et me font asseoir, au milieu d'une case très spacieuse, sur un siège indigène préparé d'avance. Elles s'assoient elles-mêmes en face de moi sur le banc en brique et glaise battue adhérent au mur circulaire. Plusieurs, bronzées, ont le joli type égyptien et une raideur de maintien altière qu'accentue l'expression de cette coiffure foula tant décrite : casque de cheveux au cimier aigu terminé, en guise de crinière, par la chute d'un voile étroit, souple et sombre qui va s'effiler longuement sur les reins mais laisse à découvert les seins et les bras. A ces toilettes foula, les femmes malinké opposent les couleurs vives des mouchoirs drapés sur un solide casque de cheveux et l'ampleur transversale des boubous blancs déjà décrits.

Un discours étant attendu de moi, j'explique avec l'assistance de l'interprète que le ministre des Colonies, content des tirailleurs venus en France, m'a envoyée pour venir saluer leurs mères, leurs sœurs et leurs épouses de sa part et de la part de toutes les dames françaises. J'exprime le plaisir que j'ai de faire leur connaissance, en ajoutant que j'aurais encore plus de plaisir si je pouvais leur parler directement en français. Le ministre des Colonies espère bien qu'un peu plus tard toutes les petites filles de la belle ville de Labé iront à l'école comme les garçons.

Elles n'hésitent pas à me répondre que, le ministre étant à la fois leur père et leur mère, toutes les femmes foula seront enchantées de lui obéir et elles le remercient de m'avoir envoyé porter sa parole.

Après cette formule de vassalité que tous les indigènes savent par cœur, quatre des femmes les plus âgées se lèvent, l'une après l'autre, s'approchent de moi et me remettent, avec une révérence, des souvenirs de la part de chacune de leurs compagnes, soit une dizaine de ces disques en vannerie, leur ouvrage, dont nous aimons la décoration simple en trois tons, bistre, orange et noir, limitant des cercles coupés de losanges. Ce sont les lefas, couvercles indigènes des calebasses contenant les mets.

L'une d'elles travaille quelques secondes devant moi, sans que je le lui demande, à un ouvrage de cette sorte pour satisfaire mon éventuelle curiosité.

Félicitations, remerciements réciproques, escorte jusqu'au bout de la haie et adieux. Je viens de voir quelques-unes de ces fameuses femmes foula partout vantées pour leur beauté. Vraiment, qu'ai-je vu? De jolis objets, oui, des objets de vitrine qu'expose la société foula, si peu différents quant à leur signification de ceux qu'exposent les autres sociétés humaines. J'y reconnais des Ysabeaux et des Marie-Antoinettes de chez nous ; mais je n'ai rien appris de la vie plus ou moins ardente ou éteinte que ces sérénités royales peuvent cacher. Je ne sais par quelles hantises sont habitées les âmes de ces dix êtres-là. L'interprète m'assure que la moitié des femmes peul ou foula se donnent à leurs enfants et d'autres à leurs amants au cours de périlleuses équipées d'adultère. Elles sacrifient le jour aux vertus sociales, mais fièrement s'adjugent la nuit, laquelle anéantit les cases, les enclos, les parures, tous objets propres à classer les personnes mais non les âmes ; cette nuit qui dépossède et libère de tout et ne laisse que la chaleur du sang pour honorer l'amour.

Ainsi, les femmes de qualité commettent l'adultère et par suite l'avortement ; les jeunes seigneurs volent, les respectables patriarches entassent leurs richesses : autant d'actes anti-sociaux et anti-religieux chez ce peuple de conquérants qui respecte ses traditions jusqu'à proscrire austèrement tous les travaux et les divertissements, l'agriculture et la musique en usage chez les vaincus. Ils la vénèrent tant, ces pasteurs, leur tradition nationale, qu'ils en détruisent la morale sociale et ne peuvent plus vivre qu'en trahissant les deux. C'est ce qui les fait traiter de fourbes, comme si ces trahisons-là, marques de toutes les civilisations raffinées, n'étaient pas dignes d'une appellation plus flatteuse,

Les Français disent qu'à mi-chemin entre le Nègre et le Blanc il y a le Peul ou Foula. Les Français se vantent. Le Foula sait plus élégamment qu'eux faire de ses passions des titres de gloire. Même ruinés, comme ils le seront peut-être bientôt, les Foula ne renonceront pas plus à leur noblesse qu'à l'oisiveté, puisque l'une justifie l'autre. Perdus ses esclaves, ses chevaux, ses bœufs, ses boubous même, jusqu'au dernier, le Peul se drapera encore dans son nom.

Kouroussa.

30 novembre.

Le retour, toujours en auto, de Labé à Mamou, puis le train, et c'est, vers l'est, la rencontre du Niger à Kouroussa.

Kouroussa est une grande ville caricaturale dont on aurait planté au hasard, dans la campagne, les monuments publics, avant qu'existassent le peuple et les maisons. C'est la première fois, ici, que je peux comprendre que l'administrateur et sa femme circulent en pousse : pour aller de la résidence aux bureaux de l'administration, de là au marché, au camp des tirailleurs, au jardin potager des fonctionnaires, au port, aux divers villages, à l'école, ce n'est pas seulement de la fatigue que l'on éprouve, c'est de la démoralisation, tant les espaces sont vastes et vides.

Une place surtout celle du marché, semble infranchissable : quelques boutiques européennes se ridiculisent en esquissant le geste puéril de la border ; elle leur échappe des trois quarts de sa circonférence et s'orne en son centre, dérisoirement, de deux édicules couverts pour on ne sait d'abord quelles nécessités : et ce sont les marchés indigènes, boucherie et denrées diverses.

L'administrateur me dit qu'il existait à Kouroussa cinquante-deux maisons syriennes avant et pendant la guerre et qu'il n'y en a plus que dix à présent. La plupart des traitants sont partis pour suivre le déplacement du commerce vers Kankan et surtout vers Bamako en emportant sur les chalands du Niger les tôles ondulées de leur toit, leurs portes, leurs meubles, leurs comptoirs, si bien que leur quartier présente ce spectacle imprévu de ruines placées au carrefour de jeunes avenues récemment plantées de petits manguiers et coupant des champs. On ne sait plus si Kouroussa est une ville morte, naissante ou mort-née.

6 novembre.

Avant le lever du soleil j'ai fait plusieurs promenades de quelques kilomètres dans la brousse, en plaine, avec mon fusil. L'idée que je m'étais faite de l'abondance du gibier en

Afrique m'avait suggéré le désir d'y chasser. Je croyais très naïvement qu'à deux ou trois milliers de kilomètres des cases on n'avait qu'à se mettre à l'affût dans quelque buisson, au bord des clairières, et qu'on voyait apparaître successivement, ainsi qu'en tous les films relatifs à l'Afrique, des vols de pintades, des troupeaux d'antilopes et de phacochères, des buffles même, sinon des éléphants.

En France, autrefois, j'ai aimé tirer sur des groupes de bêtes, perdreaux ou faisans. La vue des bêtes fuyant en troupeaux réveille chez moi je ne sais quel instinct primitif sanguinaire ; mais je n'aurais jamais osé abattre une bête isolée peureuse et songeuse, c'est une répugnance morale. Or à Kouroussa, aux rotondes des arbres, sur l'herbe ou dans le ciel, je n'ai jamais aperçu, à un moment quelconque, qu'un animal ou qu'un seul couple, ornement rare et précieux des végétales solitudes. Ce n'est pas moi, c'est Mamady qui a tué la tourterelle et la perdrix que nous mangerons aujourd'hui. Je me promènerai désormais dans la brousse sans fusil ; ou même je ne m'y promènerai plus du tout, car elle m'a déçue d'une autre manière encore. J'avais pensé d'elle : quel plaisir ce doit être de se voir ombragée, enveloppée, frôlée ou assaillie, des genoux au visage, par des végétaux inconnus, d'une originalité émouvante ! Hélas, justement, cette brousse n'étonne pas : je vois tout au plus, quand je l'analyse avec attention, que les arbres qui la composent ne sont pas exactement ceux de mon pays ; mais à si peu de chose près que je ne suis plus très sûre, au retour, de n'avoir pas vu des chênes, des acacias, des charmes et des ormeaux. Et si j'évoque alors Conakry ou bien notre Provence follement exotique, je crois rejoindre ici les abords de Paris.

Quant aux couleurs du paysage, il n'en est pas de vives en cette saison. Le sol est revêtu d'herbes mortes, les villages sont coiffés de paille grise, les feuillages sont ternis par le reflet du ciel plombé, l'air même est envahi par la fumée bleuâtre de tous ces feux de brousse qui se traînent partout, partout, jusqu'aux horizons, sans hâte, mais en liberté, puisque personne n'y prend garde.

De ce gris roux de la campagne, de ce gris bleu de l'air résulte le néant complet de la teinte. Là où il n'y a pas d'hommes ou de femmes aux coiffures rouges, aux boubous et pagnes bleu de Prusse, l'œil du peintre ne retient rien.

L'administrateur et sa femme ont fort

aimablement cédé à mon vœu d'être logée dès mon arrivée au village indigène, d'où la résidence est fort distante, et c'est le chef de province qui m'a installée dans son « carré » ou bastion familial.

Ce « carré » est un terrain spacieux rigoureusement plat, net de végétation, sauf un maigre oranger, et que limitent des murs d'argile, hauts de deux mètres, dentelés au faîte par des cônes de termitières collectionnés comme ornementation.

Dans cette cour, deux grandes cases à gauche en entrant, dont l'une est la mienne, et deux à droite s'étalent amples et neuves. Face à la grande porte extérieure, dans le fond du carré, une autre case plus grande encore, rectangulaire, ornée d'une galerie ajourée extérieurement à la mode arabe, se divise intérieurement en deux parties : la moitié de gauche sert d'habitation au chef, l'autre moitié à ses trois femmes qui ne sortent pas de l'enclos. Cette construction d'un type rare en Guinée est bien le château annoncé par la solennelle avenue des cases.

En hôte parfait, le chef vient chaque matin lui-même s'informer de ma santé, de mes besoins et témoigne de son désir respectueux de connaître mes impressions. Il me fait apporter, par ses administrés, des échantillons de toutes les industries locales : étoffes tissées et teintes comme je l'ai déjà expliqué, cuirs décorés servant à la confection de chaussures, de sacs, de petites boîtes où la vannerie joue un rôle imprévu, chaises de femmes très basses et naïvement concaves pour contenir les croupes, chaises de chefs ornementales, étroits bandeaux de perles ornés de figures géométriques destinés à ceindre le front des jeunes filles, et par elles réalisés sur un petit métier, etc...

Le chef me donne des explications empressées et précises sur les procédés de la fabrication indigène ; mais, à chaque séance, comme par hasard, il trouve le moyen de me rappeler qu'il est d'origine princière, malinké, ce qui lui donne droit au respect des noirs, et qu'il est apte, instruit dans notre langue, à seconder l'administrateur et l'inspecteur agricole, ce qui lui mériterait, d'après lui, un remerciement des blancs sous forme, par exemple, du ruban vert, et pourquoi pas, après tout, du rouge?

Je conviens que la suprême décoration lui irait à merveille, physiquement du moins. C'est un homme haut et large, qui marche avec majesté et qui, semble-t-il, n'est si noir de visage que dans le vertueux dessein de paraître plus grave ; il s'applique aussi à parler avec lenteur et dignité, à donner enfin par toutes ses manières l'impression de l'ancienneté dans sa pratique de la vie royale, quoique ses titres soient aussi frais que la paille de sa maison. Il sait trop qu'on le traite en parvenu chez les indigènes. Il a été boy des Français et leur interprète. La connaissance qu'il a de la psychologie de ses maîtres l'a servi auprès d'eux, mais n'a pas donné le change aux noirs.

En pays nègre, un grand chef, c'est surtout une grande communauté familiale dont il est la devise, la formule représentative. Qui dit père de grande famille dit chef d'après les mœurs patriarcales ; qui dit chef de province dit père de la plus grande famille. Le chef actuel, qui n'a presque pas de parents, n'est donc rien du tout, et son nom, même royal, n'est que le manteau sans le corps. Mon hôte souffrirait de manquer de prestige, s'il n'avait, dès l'enfance, été accoutumé par les Européens à être méprisé et s'il n'espérait, d'ailleurs, prendre sa revanche grâce à son art consommé de la figuration.

Il a commencé, fétichiste, par se convertir à l'islamisme et à porter le plus large possible de ces grands boubous à mille plis verticaux qui évoquent si bien l'ampleur patriarcale ; ainsi le gonflement des plumes d'une poule représente l'ampleur de sa maternité. Pour achever de séduire les islamisants, il a fait construire une mosquée publique, puis le bastion personnel et royal que j'admire, où il a séquestré ses femmes, parées selon le goût turc, bien porté. D'autre part il fait cultiver ses champs à l'européenne par un courageux et naïf petit frère qui laboure avec des charrues traînées par des bœufs : flatterie au gouvernement blanc, après la flatterie au corps maraboutique. Entre Allah et la France, il s'impose aux craintifs ; et voici sa dernière trouvaille : il a fait transférer sa case-bureau, du fond de l'enclos où on ne la voyait pas, jusque sur le seuil de sa grande porte, afin que nul n'ignore ses attributions de grand chef africain moderne. De la route même on peut l'apercevoir, assis devant une table, drapé du boubou et traçant avec précaution et lenteur sur un grand registre les chiffres des recensements et des recrutements. A ses pieds et autour du mur circulaire où règne le banc tradidionnel de terre, des griots et suivants se tiennent à ses ordres pour l'amuser ou le servir. Cas d'arrivisme noir, d'une impudeur candide et magnifique.

. . . .

J'ai créé sous la véranda spacieuse de ma case un cours de couture pour les femmes, et quoique l'art de l'aiguille soit ici une propriété masculine, j'ai beaucoup d'élèves, parce que je donne aux plus adroites et elles le sont presque toutes, les mouchoirs ou les casaquins qu'elles ont ourlés. Je n'ai pas la prétention cependant d'en faire des couturières en huit jours : j'ai pris simplement là un prétexte pour les rassembler et faire leur connaissance dans des conditions moins banales qu'à l'ordinaire. Les plus nombreuses de mes élèves sont les moins estimées par la société noire, les émancipées, les irrégulières, les plus amusantes généralement. Plusieurs sont épouses des garde-cercles, anciens tirailleurs dont l'un fut mon élève à Fréjus. L'une d'elles, joyeuse commère, n'a pas eu moins de six maris, dont un blanc, avant celui qu'elle possède. Il lui reste de mon compatriote, une fanfaronne crânerie, une centaine de mots français et peut-être de la curiosité pour ma race, car elle me quitte peu. Elle s'est mis en tête de m'apprendre le malinké. Je lui dis qu'elle ferait mieux d'utiliser ses mots français, mais elle est d'avis contraire et elle les tait bientôt. C'est tant pis pour elle ; je n'ai pas beaucoup d'aptitude à émettre et à retenir les sons indigènes. J'ai vraiment du mal à dire oui ou non, — il est vrai que ce sont des mots difficiles. J'échoue dans le degré et dans la nuance des aspirations et des expirations. Je me rattrape un peu sur d'autres mots moins psychologiques, tels que les substantifs et sur les formules courantes de salutation. Cela suffit aux joies de mon éducatrice et de mon atelier entier. Toutes mes élèves viennent avec leurs enfants et cela ne gêne nullement le travail et la conversation, comme on pourrait le croire. Les enfants au sein, ou marchant à peine, ou même aptes à courir, ne sont pas dans ce pays-ci des objets encombrants comme en France. Cela tient sans doute à ce qu'ils furent voués à la saine contemplation solitaire depuis leur naissance. La hotte maternelle indigène a du bon : grâce à elle l'enfant et la mère ne changent pas trop brusquement leurs relations de chair du temps de la grossesse. Ils prennent simplement l'un et l'autre une position plus pratique, adaptée au poids croissant de l'enfant. Ainsi, pas plus qu'avant la naissance, ne seront troublés le travail des mères et la sécurité des bébés.

C'est en Afrique que pour la première fois je jouis de la vue des enfants, car ni eux ni leurs mères ne me forcent à les courtiser comme des prodiges. Les mères ont échappé à l'hypnotisation de la vue de leurs nourrissons, puisqu'ils sont placés derrière elles ; ceux-ci ont échappé à l'occasion pervertissante d'en abuser. Ils ne crient pas comme chez nous par caprice ; ils observent, rêvassent ou dorment, spectateurs plus ou moins amusés du monde, mais jamais spectacles eux-mêmes.

Je vois tous les jours, mais à d'autres heures, les femmes du chef. De la part de leur mari elles me préparent des plats indigènes pour satisfaire ma curiosité gastronomique. Je les trouve tous délicieux : poule et fonio couverts d'une sauce à l'oseille ; menus morceaux de bœuf braisé mêlés au riz relevé de piment ; riz à la sauce d'arachides, ragoûts mélangés de viandes diverses et d'ignames, etc.

C'est toujours en présence de son mari, mon quotidien visiteur d'avant midi, que l'une de ses femmes, auteur du plat offert, vient me l'apporter. Elle entre vite, la tête et le corps inclinés humblement ; elle dépose à mes pieds la calebasse rouge couverte d'un léfa et sans me regarder et sans regarder son mari, —

dressé et impassible comme un peuplier, — elle s'enfuit en passant derrière lui, selon la coutume.

Quand le seigneur et époux est absent, ses épouses et servantes cèdent volontiers à mon invitation de venir me voir. Elles oublient alors toutes les formes protocolaires et bavardent avec moi par l'intermédiaire de Mamady. La plus grande est magnifiquement féline de nuque, de mufle et de dents. Ses formes sont encore très belles, quoiqu'elle ait déjà connu plusieurs maris et beaucoup d'amants avant de tomber dans les pièges de son propriétaire actuel. Drapée dans un luxueux pagne indigo, dans un boubou de linon transparent, les membres chargés de lourds bijoux d'or, elle a l'air d'une bête de luxe fière, mais énervée au repos par la chaleur de son sang. Les anneaux larges pendus à ses oreilles oscillent sans cesse troublés par les incessantes flexions de son cou.

— Elle n'est pas tranquille, elle est comme son père, cette femme-là, fille de Samory, remarque Mamady ; tout le monde ici dit qu'elle échappera.

Ses compagnes sont plus douces, mais rêvent aussi de quelque liberté. Toutes veulent que je demande à leur possesseur la permission pour elles d'aller chez leur mère. Et quand je leur dis que ce mari, qui n'osera rien me refuser, leur en voudra secrètement de m'avoir parlé, elles répondent que sa colère n'a pas d'importance, puisque, quoi qu'elles fassent, après mon départ elles seront battues.

10 *décembre.*

En quelques jours, presque toutes les feuilles des grands kapokiers, ornement du village, sont tombées. Nous sommes au début de cette saison stérile, froide nuitamment, qu'on appelle l'été. Le soir, au clair de lune bleui par les fumées, ce dépouillement des arbres, coïncidant avec des sensations surprenantes de fraîcheur, me fait penser à des paysages de nos hivers septentrionaux. Je me surprends à confondre sur les toits de zinc des boutiques l'éclat des rayons de la lune avec la neige.

C'est au centre du quartier indigène et de la petite place de l'ancien marché que se tient l'âme de Kouroussa, l'horreur de la saison, et que se dresse le plus gros des kapokiers. Le soir, son tronc énorme, cylindrique, noir, fait songer à une colonne de bronze portant au ciel quelque aérienne Victoire aux ailes (les grosses branches) bien haut déployées.

C'est autour de ce tronc, de cette colonne

sacrée, que les fétichistes de Kouroussa dansèrent hier soir leur tamtam. Autrefois les attributs de cette danse, la chicotte et la hachette, faisaient leur office, et le beau rite était sanglant. Les Européens ont interdit le sang ; demain les musulmans interdiront le geste ; mais tel qu'il est encore, le sandiya est un tamtam de belle tradition nègre. Pas un boubou, pas un gonflement d'étoffe, pas d'écharpes de franges, ni de plis. La préciosité, l'emphase, la fioriture arabes n'ont encore rien altéré. La nudité d'une centaine d'hommes apparaît aussi pure, fantastique et noire que celle de l'arbre qu'ils ont enfermé. Aussi noirs que l'arbre sont les hommes, mais plus scintillants aux clartés de leurs torches et de leurs pantomime.

Le cercle des spectateurs, élargi à coups de tisons, s'inscrit dans le carré des ruines syriennes, et ses couleurs s'estompent devant la gravité des géométries tracées par les danseurs. L'un d'eux paraît d'abord, muni d'une grande torche ; six autres le suivent, genoux saillants et mains armées de la chicotte et de la hache. D'autres danseurs les suivent, tournant comme eux autour de l'arbre dans un même sens, tandis que d'autres groupes les croisent, formant d'autres cercles. Tous, peu à peu, rythment plus fort leurs pas au gré de l'orchestre qui s'est enhardi. Ils ralentissent leur tournoiement, les pieds rapprochés, les genoux distants, le corps balancé à droite et à gauche par de brusques à-coups chavirant les angles de leurs bras chargés d'armes.

Quand les groupes se rencontrent, les danseurs s'arrêtent, les uns vers les autres se penchent, font quelques pas les uns vers les autres, se dressent, marquent violemment le pas sans changer de place en se jetant tout entiers d'abord à droite pour frapper au figuré d'autres danseurs d'une de leurs armes, puis se penchent de même à gauche ayant marqué le pas d'un grand écart des cuisses et frappent comme à droite. Ils reprennent la marche en avant, se penchent, se dressent, recommencent, frappent violemment, et leurs gestes coupent à angles droits et équilibrent les gestes des danseurs qui dansent en sens inverse.

Cinq ou six tours qui les mettent en eau, et puis ils se groupent, se tassent par vingtaines et avec ensemble alternent leurs mouvements latéraux comme un balancier. C'est à ce moment que les musiciens donnent la mesure de leurs suggestions chorégraphiques, car çà et là parmi ces masses d'hommes se déclarent les délires dyonisiaques que j'avais observés chez les danseuses soussou. Ces élus impriment à leurs corps ces vibrations générales, ce trépignement frénétique et précipité, soutenu, qui écarte les jambes et joint les talons faisant rêver aux angles si énigmatiques des fétiches en cuivre du Moyen-Niger.

12 *décembre.*

J'ai reçu l'après-midi la curieuse visite d'une jeune épouse qui demande le divorce contre son vieux mari, — impuissant, à ce qu'elle dit, — pour épouser un jeune amant grâce à qui elle est enceinte.

Elle s'explique dans ma case en ma présence et en présence du chef de province, mon hôte. Celui-ci eût montré plus de discrétion en ne franchissant pas ma porte avec elle, Mamady nous suffisant bien comme interprété. Mais il a allégué pour la suivre la nécessité de m'éclairer et de s'éclairer lui-même sur ce cas intéressant soumis à son arbitrage — du moins il le dit — avant le recours au tribunal indigène de subdivision.

Je suis assise au milieu de ma case sur l'une de mes deux chaises ; le chef n'a pas accepté celle qui reste libre à côté de moi, il préfère s'asseoir auprès de la plaignante sur l'une de mes cantines en fer. Le couple ainsi formé est des plus étranges. Autant le chef est vaste et calmement drapé dans ses plis d'azur, vrai « Père du ciel », autant sa voisine est menue, nerveuse et nue à la mode grecque qui colle sur sa peau des draperies légères. Leurs voix contrastent tout autant : celle du juge-arbitre, égale et bienveillante ; celle de la plaignante, tranchante, brusque.

Le soir.

Au cours de ma promenade quotidienne, au clair de lune, vers le Kissi, la fine femelle me guettait ; elle m'a arrêtée et emmenée par signes jusque chez son père ; elle y avait déjà fixé Mamady. Elle m'a fait asseoir auprès du feu, très vite avec l'habileté d'une femme du monde, sous la petite case-palabre du carré familial, son père étant absent. Elle s'est assise elle-même sur un siège indigène et, coquettement retroussée, le buste offert, la tête rejetée en arrière, elle expédie ses mots et ses gestes vifs sans rire elle-même, mais en déclenchant dans l'auditoire des rires que mon interprète m'explique. Cet auditoire est composé, outre Mamady et moi, de trois jeunes sœurs de la discoureuse, d'une jeune fille fiancée de son père et d'une parente mûre. Elle décrit d'abord son fâcheux mari :

— Il est très long, trop long, dit-elle, puisque, lorsqu'il veut se baisser ou coucher dans la case, sa tête ou ses pieds se cognent toujours de quelque côté. La moitié de son poil est blanc sur la joue ; seulement ça ne se voit pas, parce que sa joue est rentrée dans sa bouche à la place des dents. La tête n'a plus de cheveux, parce que beaucoup sont tombés par la vieillesse et le portage des kolas de la Sierra-Leone au Soudan a fini d'user les autres.

Elle ajoute qu'il a « fini » son corps sur les routes, qu'il est impuissant, que les enfants de son autre femme ne sont pas de lui, qu'il ne cherche à la reprendre elle-même qu'afin de la faire travailler pour son commerce, à coups de bâton. Son propre frère à elle ne la pousse à revenir chez ce monstre que pour toucher secrètement une seconde dot, mais cette dot lui échappera, dit-elle, puisqu'on ne peut pas la forcer à quitter son père à présent.

Puis elle explique le rôle que mon hôte, le chef arbitre, avait joué au cours de la séance de l'après-midi dans ma case. Avec de spirituels schémas tracés dans l'air du bout de ses pattes pointues, elle l'esquisse d'abord physiquement avec son volume et sa majesté, puis elle contrefait la douceur de sa voix, précise son installation auprès d'elle trop envahissante. On dirait qu'elle dit et mime la fable du chat, de la belette et du petit lapin. Alors elle a des gestes clairs, son doigt à la fesse, pour indiquer le pelotage que dessous son boubou avait tenté le bon apôtre. Et ses reculades à elle, qu'elle amplifie, font presque se pâmer de rire ses jeunes auditrices.

— C'est parce que je ne veux pas de lui qu'il plaide contre moi avec mon frère, explique-t-elle à Mamady.

Ses jeunes dents luisent aux reflets du feu et de la lune et ses traits s'aiguisent. Certes ce ne sera pas de la chair tendre et molle que le féroce matou, mon hôte, s'il parvient à l'aggriper croquera.

13 *décembre.*

Je prendrai le train ce soir à quatre heures pour Kankan. Et ma mission d'études? Je m'en suis occupée : j'ai vu et questionné tout ce qu'il y a de Blanc et de Noir comme notabilités.

La critique des indigènes par les coloniaux,

ici comme ailleurs, est immuable et brève ; ils sont paresseux et imprévoyants. La critique de l'administration blanche, faite par elle-même, est plus imprécise : nous manquons de crédit, d'autorité, de libre initiative, de stabilité.

Inversement les indigènes sont très brefs sur les Français : « Ils ne font rien pour nous », reprochent-ils ; et ils disent d'eux-mêmes : « Nous manquons de liberté, d'instruction, de crédit. »

Il me semble en entendant les deux partis successivement que j'entends d'une part des jardiniers, les Blancs, dire de leur jardin desséché : « Ces plantes sont paresseuses il nous faudrait de bons cultivateurs et un bon outillage pour activer leur développement », et que j'entends, d'autre part, les plantes mourantes, les Noirs, se désoler : « Nos jardiniers ne font attention à rien ; ils se servent d'hommes et d'outillages qui nous tuent au lieu de nous alimenter. » Mais ni les uns ni les autres ne semblent avoir songé qu'il faut aux plantes, — avant toutes choses, avant l'outillage, — de l'eau, pour permettre aux unes de pousser, et aux autres d'ouvrir la terre.

L'eau, c'est-à-dire une communauté d'intérêts, un équilibre d'intérêts qui restent à trouver et à peser délicatement. Mais peut-être la colonisation exclut-elle la délicatesse...

J'ai pensé aujourd'hui, en bouclant mes valises, à ma récente promenade au pont du Niger, — grand pont de fer français et gloire guinéenne, — promenade faite en la compagnie du jeune Baba, petit écolier noir.

— Maintenant, m'apprend-il, il y a des hommes qui viennent du Soudan pour voir le grand pont-là comme il est très joli ! Mais, au commencement, quand les Français l'ont fait, pendant le travail dans l'eau, c'est beaucoup d'hommes noirs qui sont morts, par les diables, les diables de la brousse qu'on avait dérangés.

— Tu vois qu'ils ne font plus de mal à personne maintenant, les diables. Puisque tant d'hommes passent tranquillement sur ce pont, ils ont dû partir et les habitants de la ville doivent être bien contents des Français qui les en ont débarrassés.

Mais Baba proteste :

— Qu'est-ce qu'on fera avec nos diables partis, quand il arrivera quelque chose de malheureux chez nous comme la sécheresse ou les maladies, pour leur demander que le malheur finisse?

— Vous n'aurez qu'à faire la même demande à l'administrateur, puisque tu m'as dit qu'il est grand sorcier comme tous les Blancs, comme tous les diables. Il fera finir le malheur.

— Oui, c'est sûr qu'il peut bien faire tout finir ; mais il ne fera pas, — il n'écoute pas, il s'en fout. Çà, c'est parce qu'il n'a pas besoin rien comme l'indigène, il n'a pas besoin rien des manières de l'indigène. Il fait tout français, il mange tout français.

Baba ne m'a-t-il pas révélé dans ces mots l'impuissance de notre force? N'est-il pas vrai, comme il le dit, que les Français ne peuvent pas être aptes à guérir les maux indigènes s'ils mangent français et s'ils pensent français?

Il faudrait manger un peu noir, penser un peu noir ; il faudrait avoir besoin de l'industrie, de l'opinion, de l'art, de l'amitié, de l'amour social et sexuel des noirs, et non pas rechercher seulement, comme aujourd'hui, leurs mains, propres à délivrer des matières premières, pour que soit connue la nature de la soif vitale du beau jardin d'Afrique et pour qu'elle soit étanchée.

Kankan.

14 *décembre.*

Je suis réveillée ce matin à Kankan par le bruit, insolite en village noir, d'un brossage actif. Bientôt levée et appuyée au volet unique qui me sert de porte, je distingue au dehors, en regardant à travers les lames, deux grands garçons noirs vêtus de boubous blancs, simples, longs comme des robes de Christ. Chacun d'eux étrille un cheval de selle.

Ce luxe de chevaux, en Guinée où ils sont si rares, est significatif : je suis chez un notable musulman indigène, dont la maison, le « carré », est représenté ici par une grande cour sans clôture, plantée irrégulièrement des nombreuses cases des personnes de la famille. Le patriarche actuel n'a pas la quarantaine ; il appartient à la famille royale malinké-mori des Kaba. Il a une stature élégante ; il l'amplifie à l'arabe par le turban, le boubou drapé, l'écharpe, qui ne dégagent que des poignets et un cou très fins, un visage aux traits minces, des jambes de coq. Quand il vient, bientôt, se prosterner solitairement sur une peau de chèvre blanche en face du soleil levant, je songe que ce geste d'humilité doit sa perfection à la majesté du costume. Un homme nu, croupe en l'air et face à la terre, semblerait brouter.

La case où je suis logée, le lit muni de moustiquaire où je suis couchée, sont la case et le lit de ce prince nègre qu'il m'a offerts sur la proposition de l'administrateur puisque je tiens à vivre au centre du village. Mon hôte lui-même s'abritera dans une case plus modeste pendant mon séjour à Kankan.

J'ai une véranda étroite et circulaire, couloir entre deux murs d'argile, dont l'un, extérieur, est ajouré au sud, plein au nord. Ma toiture de paille, moins déclive et moins basse ici qu'à Kouroussa et qu'à Labé surtout, laisse mieux pénétrer la lumière dans la case par la porte élevée et les deux fenêtres carrées minuscules. Un exhaussement brusque et partiel du sol, isolant le lit ainsi qu'un autel dégage mes allées et venues et le déplacement du mobilier léger : une table et quatre chaises européennes et indigènes. Pour la première fois depuis que j'ai quitté Conakry, je pourrai lire, ici, et écrire à n'importe quelle heure de la journée sans avoir besoin d'allumer ma lampe. J'ai donc l'impression d'une pièce habitable au sens que l'on donne en Europe à ce mot.

Je n'ai pas plus tôt poussé, ce matin, mon volet privé de ferrures, que la femme de mon hôte, qui sans doute guettait mon geste, s'est précipitée vers moi. Nous échangeons un bonjour en langue indigène et elle se met aussitôt à balayer le sol de ma case avec un grand zèle et un petit balai très court qui l'oblige à se baisser beaucoup, mettant ainsi dans des positions difficiles l'enfant de vingt mois qu'elle porte à califourchon sur ses reins. Mais il est déjà, à cet âge, si entraîné au sport de l'équitation qu'il poursuit son sommeil, nimbé de poussière, entre ses intermittents cramponnements au pagne ou selle qui le soutient.

Mamma a trois autres enfants dont l'aîné peut avoir neuf ans, et tous les quatre, garçons et fille, tiennent à affirmer, bien plus que la mode d'une grande ville indigène ne les y oblige, la fidélité conjugale de leur maman : tous, avec plus ou moins de gaucherie ou d'humour, reproduisent les gros yeux ronds de chouette, le mince nez crochu, les lèvres linéaires de l'auteur de leurs jours.

Dès le premier instant où j'ai vu Mamma, sa belle humeur, son activité, sa gaîté rayonnante, je l'ai reconnue tout de suite, car je l'ai déjà rencontrée souvent quoique sous d'autres ciels, couleurs et costumes. Elle est la bonne épouse aimante et confiante, bien domestiquée. Ni jolie, ni laide, toujours empressée, elle est cet élément impersonnel et fondamental sur lequel les vieilles sociétés sont bâties. Ces dernières années elle avait ici trois compagnes des plus brillantes ; mais elles ont quitté mon hôte, leur seigneur et mari, depuis qu'il s'endette ; Mamma seule lui est restée.

17 *décembre.*

« Kankan, c'est deuxième ville de Guinée, après Conakry, m'avait dit en France, en 1917, un tirailleur malinké, c'est deuxième grande ville et c'est deuxième jolie ville. Si tu restes quelques jours à Kankan, tu partiras plus. »

Kankan contraste avec Kouroussa déchiquetée et évidée : c'est une cité compacte ; ses cases blondes, rondes, innombrables, d'un peu loin semblent se toucher. Topographiquement, cette ville dessine un vase dont la panse d'or élargie correspondrait aux quartiers indigènes et le goulot vert au quartier des blancs. Les résidences de l'administrateur en chef et de ses auxiliaires se groupent, en effet, au sommet d'une grande avenue bordée de manguiers, laquelle, partie directement de la place du marché, cœur de la ville, monte vers le nord. Du côté opposé à la résidence, au sud, coule un grand affluent du Niger, le Milo.

Je n'aurai pas besoin du pousse que l'administrateur m'offre aimablement : circuler à pied est aussi agréable ici qu'à Conakry, du moins le matin jusqu'à dix heures et le soir. Midi, plus qu'à Kouroussa, est féroce. Je m'aperçois bien que je me suis encore rapprochée du Soudan ; il ne reste plus rien de l'atmosphère de la côte ; les personnages et les architectures ne se dissolvent plus dans des lueurs de nacre, comme là-bas ; la géométrie des routes, des murs, des cases, des enclos familiaux compte désormais. Elle compte pour l'observateur, pour le peintre, pour le voyageur ; elle compte au point de vue matériel et esthétique ; je ne sais si elle compte autant au point de vue moral, dans la vie des êtres. On m'a confié, dès le premier instant de mon arrivée, qu'à Kankan, les armatures sociales sont plus apparentes que réellement efficaces. Les mœurs et les murs y seraient peu sévères. Je ne sais pas comment Kankan se tient la nuit, mais au grand jour, elle n'a pourtant pas la mise débraillée de Conakry, Babylone noire. Elle est correcte et belle comme une grande dame, comme une reine. Elle ne se lève pas de très bonne heure par ce grand froid sec (+ 18° à 5 heures) ; mais quand elle se livre aux regards du soleil, elle est irréprochable. De neuf à onze heures, chaque matin, la place du marché et les rues qui l'avoisinent sont animées par des femmes nombreuses, parées avec goût. Cela me fait penser comme affluence et comme luxe aux abords des églises de Passy, le jour de Pâques. Toutefois, la foule, à Kankan, au lieu d'être noire, est tout à fait blanche, aux visages près. Elle est d'aspect aussi plus aristocratique en méprisant la hâte affairée ou modeste bien portée chez nous. Les femmes de Kankan que je vois, ne semblent pas penser qu'elles sont dans la rue, mais qu'elles sont chez elles aussi royalement que les astres au ciel. Beaucoup s'avancent, lentes, tout à fait engainées dans des étoffes ; d'autres, par-dessus des casaquins blancs, laissent flotter librement leurs bras noirs, moirés, souples, ainsi que des écharpes nouées à leur cou. Certaines disposent leur main fine, la paume horizontale tournée vers le ciel à hauteur de l'épaule : étagère mignonne, où se posent des bibelots, bols, fruits, petites calebasses, transformés par ce geste en gracieux attributs. Presque toutes portent au front d'étonnantes charges avec indolence, à la manière d'un grand luxe, à la manière dont Marie-Antoinette portait ses cheveux.

18 *décembre.*

Une mère, dehors, s'est jetée à mes pieds, et de ses deux mains m'a pétri les chevilles en suppliante. Elle espère que je lui ferai rendre ses deux enfants qu'un ancien mari, depuis dix ans disparu, est venu lui arracher malgré eux et elle.

— C'est beaucoup de maris qui sont voleurs d'enfants, explique Mamady ; celui-là qui paie une grosse dot pour sa femme, c'est pas pour la femme, c'est pour ses petits que le juge lui laissera prendre, plus tard, par la loi d'ici.

Voler des enfants à leur mère, c'est sans doute un crime, mais je le commettrais volontiers, moi aussi, si je le pouvais, tant les enfants nègres séduisent. Il en est d'une dizaine d'années qui tapissent ma case quotidiennement, et solidement, de leurs frêles personnes nues. Les femmes qui viennent me visiter sont beaucoup moins stables ; elles s'enfuient, en troupe, dès qu'apparaissent des hommes mûrs ou leurs maris ; les jeunes gens font discrètement place aux vieillards ; mais les gamins, pour demeurer, s'incrustent dans l'ombre, raidis et muets. L'animal nouveau que je suis pour eux, vu d'aussi près, les hypnotise : ils étaient, hier soir, une douzaine qu'il a fallu extraire un à un au moment de me mettre au lit.

Ce soir, avant dîner, quelques-uns m'ont accompagnée sur la route, extérieure à la ville, où je tente d'aller prendre l'air malgré la fumée des cuisines qui déborde la ville à cette heure-là. Un seul d'entre mes petits compagnons connaît le français, les autres fréquentent encore le cours coranique. Tous marchent discrètement à quelques pas derrière moi ; mais que je vienne à poser une question, et l'élève de nos écoles qui, seul, la comprend, bondit aussitôt en avant pour me prodiguer son savoir. Et c'est effrayant, ce qu'il sait de choses ! Il n'ignore aucun des divorces, des mariages, des ruines notoires, ni aucun des scandales noirs et blancs ; il sait quels soucis politiques absorbent le chef de province malinké-mori, et il m'apprend l'existence de conflits entre les coloniaux catholiques et les francs-maçons. Bien entendu, il ignore la nature de ce dont il parle, car il a conservé la conception naïve de son âge relativement aux phénomènes moraux. Il partage les hommes en bons et mauvais : ceux dont il peut s'approcher sans crainte et ceux qu'il craint. Il ne connaît pas le conte de l'Ogre et du petit Poucet — n'ayant pas lu Perrault, — mais il l'a inventé. L'Ogre, le méchant blanc, c'est ce commerçant français négrophobe dont la population entière redoute les accès de brutalité. Il en parle avec l'abondance de mots et la brièveté de souffle que cause l'émoi.

— Une fois, raconte-t-il entre autres choses, il (le commerçant) a mené à la « sasse » un petit noir pareil à moi pour porter « cibier » ; il a tiré sur un canard qui est tombé dans la rivière. Il a dit au petit d'aller ramasser ; mais le petit connaissait pas nager, il voulit pas aller. Alors le méchant blanc l'a jeté dans l'eau parce qu'il a dit qu'il est un menteur. Le petit noir a été noyé : c'est un autre garçon qui a vu l'histoire.

Il raconte encore l'affaire du Syrien qui a tué un noir d'un coup de fusil ; du grand voleur noir étranger que l'on vient de prendre.

Après, il nomme les bons génies. Pour les écoliers noirs, le bon génie blanc est presque toujours leur directeur d'école, lequel pour les défendre a toujours dans son sac, si on veut les croire, autant de bons tours que le Chat Botté.

Minuit.

La lune a décru depuis mon arrivée et l'électricité ne la remplace pas ici, comme à Conakry. J'ai tenu cependant, tôt après mon dîner, à faire mon habituelle traversée de la ville ; il existe des points de sa psychologie que l'on ne surprend qu'à ce moment-là. Mamady est un fort bon guide et il sait, quand il faut, prendre des raccourcis à travers les ruelles qui serpentent entre les cases ou les enclos. Ce soir, dans un dédale, nous avons été arrêtés par une forme indistincte et plus sombre encore que la nuit. C'est un vieillard qui prétend me connaître et m'avoir visitée l'un des jours précédents. Pas plus que son visage, sa voix ne saurait me le rappeler : il parle à Mamady très bas à l'oreille. Il lui persuade de m'amener chez lui où il pourra me faire en toute sécurité des communications importantes.

Ce n'est pas la première fois aujourd'hui que des vieillards plus ou moins exaltés m'arrêtent, le soir, pour me révéler des complots. Des groupes d'hommes aux allures de conspirateurs me mettaient parfois au courant, à Kouroussa, de conflits entre des partis politiques. Les passions de ces partisans ne m'intéressaient pas beaucoup, faute de pouvoir connaître leurs courbes. Mais leurs réunions au grand air, dans les anfractuosités d'un décor lunaire, leur magnifique pantomime toute en tragiques gestes noirs nettement écrits sur des fonds laiteux, m'ensorcelaient toujours.

Cette fois, l'opacité même de la nuit ne semble pas au vieillard de Kankan une garantie suffisante pour le dépôt de ses lourds secrets. Il me fait entrer, ainsi que Mamady, dans sa case meublée d'une natte et munie d'une seule porte qu'il barricade tout aussitôt. Hélas ! combien je suis déçue par le sujet de sa confidence. Je n'entends narrer que ces mêmes actes du même monstre négrophobe, dont le joli petit écolier m'avait entretenu sur la route, très peu d'heures auparavant. Je suis étonnée des précautions absurdes que prend le vieillard pour me dénoncer des crimes banaux que la population tout entière colporte et dont l'auteur lui-même aime peut-être à se vanter. A la lueur de la petite lampe — chiffon gorgé de graisse qui flambe dans un pot — je regarde plus attentivement mon hôte. Ses joues émaciées sont striées de rides verticales veinant sa peau cuivrée et violette : palissandre incrusté des cabochons des yeux. Sa voix sourde est intermittente, selon les besoins de la traduction et l'effet de sa crainte car, après chacune de ses brèves phrases, il me dévisage afin de s'assurer que je ne lui suis pas hostile, que sa déposition ne sera pas trahie. La mobilité de sa tête, de son œil saillant vite tourné vers Mamady, vite tourné vers moi tour à tour, pour surprendre nos intelligences, nos complicités, ses gestes fiévreux vont s'exagérant à mesure que l'heure et son récit avancent. Pour cet homme c'est le nommé D..., le commerçant négrophobe, le vrai diable blanc qui commande tout le cercle en menant occultement la colonie blanche.

Et je songe à d'autres individus que j'ai aperçus ces jours passés, autour des cases, aussi agités et verbeux que mon agresseur nocturne. Preuves de surexcitation, d'affaiblissement nerveux, que ce besoin d'un peuple d'incarner ses maux. Huit jours de pluies tardives à la fin de septembre, d'où un riz abondant au lieu de la disette qui sévit cette année, et le terrible D... n'eût plus été rien peut-être qu'un simple accident : la rage d'un chien à laquelle il eût suffi de prendre garde.

20 *décembre.*

La Provence, en tout temps, exhale le thym, le pin, la lavande, le ciste et autres arbres et arbustes odorants. Mais je ne sais s'il existe à Kankan une saison embaumée. Ses environs, en ce moment, ne m'offrent que les odeurs de ses feux de brousse et des tristes fourmis-cadavres. Ce soir, le soleil couché, celles-ci accusent leur activité sur la poussière par des croix noires. Mamady s'est mis à rire de mon dégoût.

— Peut-être que vous ne connaissez pas d'où qu'elles sont venues? m'a-t-il demandé. Tout le monde le connaît, chez nous, en Kissi :

C'est dans le pays de forêt qu'il était un diable installé à une place où se coupent deux routes. De tous les villages voisins, personne par ces routes ne pouvait plus aller sans que le diable le voie tout de suite. Le diable courait au-devant de l'homme ou de la femme, en jouant de son tamtam, qu'il ne quittait jamais, jamais, et il disait : « Moi, tu vois, je joue bien du tamtam; toi, pour sûr, tu danses bien. Alors je n'arrêterai pas de jouer si tu n'arrêtes pas de danser. Mais si tu arrêtes de danser, mort par la fatigue, c'est tant pis pour toi ; et moi aussi je mourrai si j'arrête de jouer tamtam. » Et le diable commençait à jouer et l'homme ou la femme commençait à danser ; mais toujours, c'était le danseur qui était le premier fatigué jusqu'à mourir. Après un an, ce n'était plus beaucoup de monde qui restait dans les villages du Kissi. Pourtant un jour, dans une famille, il s'est trouvé deux jolis garçons qui ont dit : « Nous allons tuer le diable qui est à la place où les routes se coupent. » Leurs parents voulaient les empêcher d'aller : « Comment c'est que vous pourrez tuer le diable, puisque c'est lui qui a fait mourir tout le monde depuis un an? » Les garçons sont partis sans écouter rien ; c'étaient deux frères, deux jumeaux qui se ressemblaient de manière qu'on ne pouvait pas les reconnaître l'un d'avec l'autre. Un peu avant d'arriver à la même place où restait le diable, ils se sont séparés ; un qui est resté bien caché dans la brousse, l'autre qui a marché tout seul dans le chemin. Aussitôt que le diable a vu celui-là, il a couru près de lui avec son tamtam en commençant à jouer comme d'habitude : « Tu vas danser aussi fort que je vais jouer, mais c'est le premier fatigué de nous deux qui mourra. » Le garçon danse d'abord doucement, puis un peu plus fort ; alors il demande: « Je suis bien content de danser, mais où c'est que je peux danser, là partout, même un peu plus haut? — Oui, oh !... tu peux danser où tu veux, un peu plus près, un peu plus loin, c'est égal. » Alors, le garçon, pendant qu'il dansait, montait toujours un peu plus haut suivi par le diable jusqu'à l'endroit où était son frère et, quand il était fatigué, c'est son frère qui le remplaçait, puisqu'ils étaient tout à fait pareils. Après qu'ils ont changé plusieurs fois pour se reposer, le diable ne jouait plus tout à fait si vite. Quelquefois sa tête penchait sur une épaule par l'envie de dormir, quelquefois sur l'autre. Le garçon lui a dit : « Tu ne joues plus si fort. Pourquoi tu ne joues pas ton tamtam plus fort et plus vite? » Le diable a ouvert ses yeux gros, il a fait encore une fois plus fort et plus vite et puis il est tombé pour dormir toujours. Seulement, comme il était diable, son corps n'a pas fini de pourrir. La viande a changé tout entière en fourmis comme celles-là que vous avez vues sur la route. Elles marchent toujours par deux chemins croisés et sentent toujours le mort.

25 *décembre.*

Il y a huit jours que je suis à Kankan et je n'ai pas fait un seul croquis, une seule aquarelle. Vraiment, je le regrette à peine. Aurais-je su faire flamber la blancheur irradiée des pagnes et des boubous sur l'ardente rougeur des cases? Je pense aux peintres qui ont fait du blanc : à Cézanne, à Courbet, à Watteau... Tous leurs blancs sont froids auprès de ceux-ci ; ou ne sont pas blancs. Ici la neige embrase à la façon du feu.

D'ailleurs, j'aurais des regrets maintenant de n'avoir pas tenté la dure expérience, que je ne pourrais plus la tenter. Je me suis trop laissé entraîner dans le mouvement de la vie indigène; il est trop tard pour me dégager. A part quelques heures indispensables au sommeil, je ne suis plus jamais seule à Kankan ; ma vie y est représentative, officielle de sept heures du matin à minuit. A Labé il m'a fallu chercher le contact avec la population. Ici dès le moment où je l'ai regardée, cette population a fondu sur moi. Je n'y suis pour rien. C'est une rencontre. C'est le destin qui s'est amusé ; il s'est amusé à m'instruire du mystère troublant des popularités, en changeant mon banal séjour en une aventure, et voici comment.

L'administrateur de Kankan m'ayant installée à mon arrivée, partit en tournée et, sur son chemin ayant rencontré le chef de la province regagnant la ville, il me recommanda à ses soins. Rien de plus banal que ce fait d'où découla ma vie miraculeuse.

Ce chef de Kankan à ce moment-là était fort soucieux. La sécheresse avait presque annulé la récolte de riz de ses administrés et cependant le grain était à un cours très bas, le caoutchouc était tout à fait effondré, la cire également ; les commerçants étaient affolés, de même que les bergers depuis qu'on avait dû enterrer les peaux avec les bœufs morts de la peste bovine. On avait enterré presque tous les troupeaux. Outre ces catastrophes une disgrâce lui arrivait personnellement comme chef et patriarche malinké-mori. Parmi les villages de culture soumis à son autorité, certains n'étaient pas habités par des hommes de sa race ; c'étaient des Ouassoulos usant de langue foula, cultivateurs actifs dont l'inspecteur français d'agriculture faisait cas. Or voilà que tous ces villages réclamaient à l'administration d'être réunis en une province dégagée de son autorité à lui, chef traditionnel de la région, au profit d'un chef de leur race. Que lui reprochaient-ils? des futilités, sa préférence pour les malinké-mori qu'il déchargeait soi-disant des corvées de portage et des réquisitions, pour les en accabler. Prétextes d'après lui, pour susciter entre les deux races ces conflits qui désolaient ses terres et le desservaient auprès du gouverneur. Si celui-ci donnait gain de cause aux dissidents, son autorité allait être entamée dans Kankan même et détruit serait son prestige déjà ébranlé par les catastrophes célestes. Beaucoup de jeunes malinké-mori déjà le quittaient, allant vers le Soudan, vers Bamako qu'on disait prospère. Sa vertu magique de chef religieux s'avérait impuissante à les retenir. On le savait mou et, comme il l'était en effet et le sentait, son angoisse et son découragement étaient extrêmes. C'est alors que l'administrateur lui dit en passant : « Il est arrivé dans ta province une dame française qui vient de la part du ministre saluer la population. Il faut aller la voir. » Aussitôt il s'est précipité vers moi, car, par suite de son état d'âme, au lieu d'entendre exactement les paroles banales de l'administrateur, il avait cru entendre, tels les bergers juifs d'autrefois, ces mots merveilleux : « Va vite trouver ton sauveur, qui est arrivé. » Il ne pouvait pas entendre autre chose tellement anxieux étaient ses besoins, ni s'étonner quoique musulman, de la forme féminine que prenait sa chance. Il la tenait par cela même plus miraculeuse cette chance, m'a-t-il appris ensuite, ainsi que dut paraître dans la Palestine plus divine la prosternation devant un enfant.

Pendant le temps que je fais entrer dans ma case ce roi mage et toute sa suite de parents, de vieux notables, de marabouts, de griots, leurs grands boubous empesés froufroutants, font tant d'ombre devant ma porte et mes fenêtres, au dehors et au dedans, qu'autour de moi s'établit la nuit complète et que je dois faire allumer mes lampes.

Le chef s'est assis en face de moi sur une chaise, sa suite couvre les nattes, les plus jeunes hommes debout ; alors les griots et les griotes entonnent brusquement des chants à ma louange, à la louange du ministre, de sa puissance et de la puissance des femmes françaises qui sont de grands rois en France.

L'âpre éclat des cris et des gestes de ces femmes qui dansent ou plutôt sautent sur place, et presque sur moi dans l'étroit espace qui leur est laissé est en si grand contraste avec l'obscurité récemment survenue et avec le silence et la gravité de notre assemblée, que je crois assister à quelque incantation furieuse.

Puis vient le moment des discours. Le chef me souhaite d'abord la bienvenue et je le remercie. Il dit ensuite combien Kankan est éprouvée et je lui adresse des condoléances. Enfin il m'instruit de sa situation critique et je dois lui faire un discours réconfortant. Je n'ai jamais fait de discours officiel, mais je comprends bientôt que ce n'est pas très difficile ; il suffit de parler de beaucoup de choses et de ne rien élucider. Le chef d'ailleurs a fait les deux discours, le sien et le mien, puisqu'il a parlé de tout et que je n'ai eu qu'à prononcer à mon tour les mots qu'il a prononcés quoique dans un autre ordre. Ainsi dans une classe enfantine : quand le premier écolier dit : « Je parle », le second dit : « Tu parles » en le désignant. Le chef m'a dit : « Nous souffrons », et j'ai répondu aimablement : « Vous souffrez. » Il suffit d'écouter pour avoir l'air de faire quelque chose et peut-être suffit-il d'écouter pour tout faire. Après le chef de province, toute la population est venue me voir aussi au cours des jours suivants, représentée par groupes : les chefs de village, les marabouts, les représentants des chefs, les dioulas, les anciens tirailleurs, les bouchers, les boutiquiers, etc., et entre temps des groupes de femmes, les épouses de certains d'entre eux qu'ils m'envoyaient.

Quand je me suis vue rivée à ma chaise du matin au soir par les visites, j'ai pensé que pour les décourager il serait de meilleure politique de faire mes discours moi-même au lieu de parler passivement, à leur gré. Je me suis mise comme à Labé, à répéter avec insistance que j'étais venue de la part du ministre saluer les mères et les femmes des combattants venus en France et que ma mission était achevée. Mais il était trop tard pour arrêter l'expansion en cours. Je n'avais plus le droit de cesser d'être ainsi, tout d'un coup, la providence céleste ou ministérielle qu'ils avaient rêvée ; je devais le rester de gré ou de force.

On s'étonnera peut-être du recours d'une ville à une personne étrangère et incompétente, alors que ses habitants avaient à leur disposition pour les entendre, des fonctionnaires qualifiés : un administrateur et deux adjoints ; mais en France le fait que les députés, les préfets, les juges et les percepteurs des contributions sont excellents et nombreux, empêche-t-il les gens angoissés d'offrir des cierges à la Madone?

Et pourquoi s'étonnerait-on, d'autre part, que j'aie accepté des hommages et des confidences que l'on qualifiera d'indus? Et pourquoi indus? Parce que je ne possède ni l'omniscience ni l'omnipotence requises par le rôle qu'on m'impose si soudainement? Mais les morceaux de bois, les os, les livres fétiches et ces mannequins maniables qu'on appelle nos diplomates, toutes ces idoles auxquelles les peuples remettent habituellement le soin de leur destinée, les possèdent-ils ces dons mieux que moi?

Je ne vaux pas mieux qu'un fétiche, mais je vaux autant si je ne vaux rien. Si je personnifie pour ces gens de Kankan une conscience métropolitaine, c'est qu'ils avaient besoin qu'elle fût figurée ; je ne suis pas venue restreindre leurs besoins. Leur fermer ma porte et m'enfuir? je n'en ai pas le courage. Et puis les assemblées des hommes noirs sont si jolies! Graves, distinguées, les attitudes seules y comptent; du moins elles y comptent bien plus que les visages : c'est beaucoup moins jeu de massacre que les assemblées blanches. Quant aux groupements féminins qui se sont parfois arrangés dans ma case, ils évoquaient des collections de lépidoptères. Je veux donc bien être tout ce qu'ils voudront, même prophète, pour avoir la chance de les regarder ainsi à loisir et de près, et pour les entendre.

Les titres qu'ils me donnent tout d'abord sont amusants quoique le plus grand nombre adoptent la formule consacrée : « Tu es notre père et notre mère » formule valable pour tous les Blancs et supérieurs, mais certains m'appellent Monsieur-Madame ; Monsieur étant un titre impersonnel général et Madame un titre féminin privilégié qui n'exclut pas l'autre, ni mon nom, ni le titre d'inspectrice ou de missionnaire dont ils le font suivre. Il arrive même qu'ils disent « Monsieur chère Madame » comme on eût dit autrefois « Monsieur mon cher père ». Tout cela sent l'étiquette, le goût des formes nonarchiques ; Kankan n'a pas oublié la tradition des grands empereurs soudanais qui l'englobèrent. Les marabouts qui accompagnent le chef de province, instruits en langue arabe, sont particulièrement soigneux de leur langage. J'admire que ces pratiquants d'une religion misogyne viennent consulter une femme. Ils savent faire abstraction du sexe. Je ne suis qu'un Monsieur-Madame dans leurs réunions. Et voici leur style :

« Nous étions des riches et nous sommes des pauvres. Nous serons bientôt des mendiants. Quand les Français sont arrivés nous avions des esclaves et des troupeaux, et ils nous ont donné le commerce du caoutchouc. Nous étions contents de l'arrivée des Français. Mais maintenant ils nous ont enlevé les esclaves, la peste nous a enlevé les troupeaux, le commerce du caoutchouc est fini. Les Français nous disent de travailler ; mais nous ne pouvons pas nous tenir debout. Les Français disent qu'il suffit de manger du riz pour se tenir debout ; mais l'homme ne peut pas se tenir debout et marcher sans fortune, sans espoir de fortune. Maintenant que nous ne pouvons plus nous tenir debout, il faut que les Français nous donnent un bâton pour nous appuyer dessus, car nous sommes si découragés que nous craignons de tomber sur le sol comme des bêtes... Nous sommes des malades ; le malade ne doit pas avoir honte de laisser voir son corps au médecin, le malade ne doit plus avoir de honte... »

Ils disent encore, — et cette sagesse m'étonne : « Nous ne vous demandons pas de nous guérir tout de suite : la maladie que nous avons n'est pas de celles qui se guérissent tout de suite ; nous saurons attendre, mais nous voulons qu'on pense à nous en France. La pensée n'est pas un remède prompt, mais c'est un remède qui s'applique toujours bien... Les femmes en France commandent tout. Si vous parlez au ministre, il pensera à Kankan. »

— « Tu n'es pas comme les hommes qui se grossissent par le dehors pour qu'on les regarde, — m'a dit encore un lettré noir, — on ne te voit pas, on ne t'entend pas beaucoup remuer depuis que tu es au milieu de nous ; tu ne laisses vivre de ton corps que tes yeux pour nous regarder et ta poitrine pour nous comprendre, tu es comme la case qui reste tranquille à la même place et qu'on croit ignorante tandis que par sa fenêtre tout l'air du village entre au dedans. »

Les Malinké-mori de Kankan sont aussi fins qu'ils sont jolis, mais qu'ils sont peu nègres ! Leur langage est trop imagé, leur élégance est trop énervée, surtout chez les hommes. Au moral et au physique ils sont faits de pleins et de déliés et de paraphes fleuris comme leur écriture, et les vrais amateurs de l'art africain les excommunieraient.

Le 26 décembre.

J'ai quitté ce matin Kankan à six heures, allant à Siguiri. En cette saison de l'année, la campagne est dépourvue de tout agrément. Très plate, très rarement ombragée, pelée par places, carrelée en d'autres par des chaumes de riz ou de mil ; bien plus généralement encore couverte de graminées courtes, raides, séchées comme des blés avortés, la matière de cette plaine rappelle celle des très vieux paillassons qu'on voit en France au seuil des appartements pauvres et que les souliers ont salis et usés. Cependant les environs de Kankan sont en Guinée parmi les régions les plus fertiles et les mieux cultivées par les méthodes indigènes et françaises combinées. A mon passage à Conakry, le gouverneur m'a montré une photographie qui représente rassemblées les dix-huit paires de bœufs attelés aux charrues qui fonctionnent dans la contrée.

L'inspecteur d'agriculture m'a parlé de la variété de nos légumes prospérant ici parmi les plantes nourricières indigènes.

Mais toutes ces belles récoltes se font dans de petits coins, dans de rares dépressions de terrain restées fraîches et qui n'apparaissent pas du tout dans le paysage. Les visiteurs métropolitains des expositions coloniales s'imaginent généralement que tous les produits précieux qui décorent les salles, décorent aussi dans les mêmes proportions la campagne africaine. Je le croyais un peu aussi ; j'ai été déçue. La Guinée et le Soudan ne sont qu'un immense rocher de rouge latérite qu'on peut bien, par endroits, gratter, féconder tant qu'il pleut, mais qui reste un désert la moitié de l'année, sauf oasis rares. En France c'est l'inverse. J'évoque aujourd'hui la luxuriance de nos champs même automnaux. Par la variété folle de leurs teintes, par leur présentation géométrique et leur netteté, les cultures de nos vallées ressemblent beaucoup plus à un riche étalage de produits artificiels qu'à la nature. Quand je me promenais sur les bords de la Seine, d'Argenteuil à Mantes, à travers les vergers, seigle, blé, colza, trèfle, vigne, à travers tant de choses infiniment moirées, mousseuses, veloutées, telles des lingeries, soieries, dentelles, j'avais les mêmes émerveillements que devant les rayons des galeries du Louvre ou du Printemps. Les fins articles végétaux des champs français et leur abondance sont d'une prodigalité de milliardaire ; mais d'où vient qu'un tel luxe ne soit présenté que par des commis gourds et lourds, vêtus de gris sordides et sales qu'on appelle nos paysans? Ils semblent n'avoir rien compris au luxe de leur domaine. Sont-ils des idiots? ou des étrangers? Si j'avais le moindre don de persuasion je déciderais le gouvernement à faire transporter en Afrique tous nos avares paysans et j'amènerais tous ces Noirs prodigues en France. Tout alors paraîtrait en place, « dans le caractère », du moins pour les peintres, car de Kankan à Diangana je suis bien gênée aujourd'hui de voir le luxe charmant des gens qui m'accompagnent se détacher sur l'horreur des fonds.

Quatre hommes portent sur leurs têtes, aux quatre angles, le châssis qui suspend mon hamac ombragé. Huit hommes portent mes bagages : ce sont les porteurs recrutés. Des compagnons volontaires triplent leur nombre ; je suis au milieu d'une caravane.

Certes je ne l'ai ni disposée, ni composée ; d'autres s'en chargent. Il y a dix jours que je n'ai plus besoin de savoir ce qui doit se passer autour de ma personne. Depuis que j'appartiens au grand chef de Kankan comme présent du ciel, les chefs du protocole savent m'agencer pour ma plus grande gloire et leur plus grande chance devant leur seigneur. Peu m'importe ce qu'ils adoptent : je deviens ce qu'il leur plaît. Une envoyée de Paris? Une madame-chef? Un gri-gri? — A leur aise. A mon règne j'assiste en spectateur curieux mais désintéressé. Devant moi je regarde la file longue des porteurs et des menus objets. Peu en avant de mon hamac se tient à cheval le chef du village que j'ai traversé, des interprètes ; Mamady et le milicien marchent à mes côtés. Le fils aîné du chef de province, par lui chargé de m'escorter, se porte tour à tour en avant, en arrière, en cavalier caracolant. Enfin le frère du même chef, élégamment drapé, enrubanné et paré d'armes gainées de cuir, la main droite armée d'une lance, ferme la marche entouré de jeunes parents et suivi des adolescents porteurs des sièges des chefs et de leurs bouilloires à ablutions.

Les villages entre Kankan et Diangana, la première étape, sont très nombreux. Ceux de leurs chefs qui possèdent des chevaux viennent au galop à ma rencontre à deux ou trois kilomètres en deçà de leur résidence pour me souhaiter la bienvenue ; puis à leur tour nous atteignent des parents qu'ils me présentent et ses griots et griottes qui assiègent mon hamac de danses effrénées et de rythmes célébrant une louange de commande.

Aux abords des habitations une haie double et très compacte de femmes et de jeunes filles parées de pagnes, de mouchoirs, de bandeaux en perles aux fraîches couleurs. Riantes, elles marquent la mesure des marches, des danses, des chants, par le claquement de leurs mains. C'est à ce moment-là que notre cortège présenterait pour un peintre du mouvement, pour un Delacroix, le maximum de la splendeur. Toutes les formes s'enchevêtrent, bleues, blanches, brunes, noires dans le grand halo rouge du sable, envolé haut sur le ciel pâli.

J'ai demandé à Mamady si mes porteurs qui feront ce matin vingt-cinq kilomètres, la tête chargée de vingt à trente kilos dans ces clameurs, dans cet encombrement, dans cette poussière, en prendront leur joyeux parti comme moi. Il m'assure qu'ils sont ravis. Et c'est un fait qu'ils marchent bien mieux, tout suants, quand les musiciens et les griots nous escortent. Cependant c'est sans fausse honte qu'ils boivent à chaque village ce lait, présent des chefs, que Mamady et moi nous leur abandonnons. Moi-même en mangeant des oranges, des bananes, des ananas que je choisis parmi ceux qu'on m'apporte par corbeilles, je me dédommage de la poussière avalée et surtout des compliments, des félicitations qu'il faut bien que je reçoive et que je débite... Et je distribue aux griots, aux enfants, des sous ou des pièces, sans grande justice, en vrai potentat.

Diangana.

C'est ici que se place, d'après ma feuille de route, l'étape où nous passerons la nuit. Mais le chef du village n'a pas compris les ordres de mon ami le chef de province ou peut-être s'est-il trompé de date : il n'a envoyé au-devant de moi ni troupe d'enfants, ni griots, ni personne de sa famille. En approchant des cases les gens de mon escorte l'aperçoivent lui-même qui, surpris et épouvanté de mon arrivée, fuit à toutes jambes à travers le dédale de ruelles un peu montueuses. Une explosion de rire salue auprès de moi l'attitude de ce représentant de l'autorité en course éperdue.

Il ne reparaît pas quand nous franchissons l'enceinte des haies de purghères du caravansérail, mais il nous envoie une escouade de balayeuses, de porteuses d'eau, de crépisseuses, qui se précipitent à leur tâche respective. Elles balaient les cases et la cour. Elles rincent les jarres et les remplissent, elles enduisent intérieurement les murs et le sol de ma case avec cette pâte composée d'argile, de sable et de bouse de vache qui renouvelle les parois des habitations comme par l'apposition d'un papier neuf feutré et gris.

Debout à l'ombre, en attendant, car il est midi, j'observe la hâte des travailleuses, qui pliées vers leur tâche avec l'activité d'abeilles maçonnes, ne me regardent même pas. Elles ne me doivent rien et c'est pour moi qu'elles travaillent sans rémunération avec zèle et crainte ; ce sont mes esclaves. Mais je ne le sens pas. Je les regarde sans remords, comme chez moi à Paris, je regarde par ma fenêtre des cantonniers et des cantonnières nettoyant mon boulevard. Là-bas, l'horaire du service municipal de la voirie fait coïncider mon regard avec le balayage du ruisseau ; ici le réflexe indigène de la peur de l'administration coloniale fait coïncider forcément ma venue et la réfection de mon gîte. Je n'ai pas créé le mécanisme parisien de la voirie, ni la machine coloniale. Que leurs victimes s'émeuvent à mon bénéfice ou à celui d'autres individus, peu importe.

Mais voici qu'on annonce le chef fugitif de qui j'ai parlé tout à l'heure. Il s'est fait précéder d'hommes apportant, en file indienne, les présents d'usage : les poulets, les œufs, le riz, la calebasse de lait, le miel et les fruits. Lui-même est parmi ses parents et notables. Il ne se met pas à leur tête comme l'ont fait jusqu'ici les autres chefs, puisqu'il est fautif. Il est honteux, il se cache et se tait pour que je puisse à mon gré l'ignorer ou lui faire savoir par un tiers mon mécontentement, mes sanctions ou menaces, sans avoir à lui adresser la parole directement. Je me le suis fait désigner. C'est un homme mûr sans cheveux blancs parce qu'il est tondu de telle manière que sa tête entière, bien ronde, est polie comme une boule de marbre noir. Cette originale boule de rampe d'escalier est, en ce moment, désaxée, — le coupable baisse le front — et je ne vois très bien que ses yeux et son nez qui semblent gonflés dans ses joues molles. Son humilité n'échappe à personne et mon garde-cercle en est excité comme un chasseur qui pressentirait du gibier ou plus exactement comme un chien qui, entre le perdreau et son maître, tomberait en arrêt.

Ce milicien est intelligent et cruel. Au cours de la route il a plusieurs fois jugé sans pitié ses congénères. «... Les noirs sont couillons », m 'a-t-il dit. « Depuis trois ans le climat change, la pluie vient plus tard et finit plus vite. Mais les cultivateurs ne changent pas leurs habitudes. Ils sèment trop tard. Moi je fais retourner l'herbe à présent pour qu'elle pourrisse, et aux premières gouttes de pluie je gratte et je sème. » Il dit encore : « Tous les anciens tirailleurs comme moi revenus de France prennent femme le lendemain, même la première divorcée venue qu'on leur donne puisque toutes les filles d'ici sont fiancées, dès l'âge de dix ans. Pour payer la dot ils s'endettent et sont foutus ; moi j'achète plutôt des bœufs et prends des maîtresses. L'autre jour une femme m'a voulu pour mari. J'ai dit : essayons. Elle me dépensait cinq francs tous les matins. Je l'ai renvoyée. »

Il raille aussi les chefs. Il m'a raconté l'histoire d'un chef kissien plusieurs fois emprisonné par un fonctionnaire blanc. Il était devenu le jouet de son village qui le faisait punir exprès : on lui refusait l'impôt. Quand le milicien m'a raconté cela il y a une heure, il a ri du chef bafoué. Moi, je n'ai pas ri et c'est pour cela qu'en ce moment, quoique fort excité, il n'ose pas rire du chef au crâne lisse qui se livre à nous. Il se demande si je vais lui donner ou non la satisfaction de palper ses épaules. « Le chef-là a très peur, risque-t-il, ironique, il croit que vous avez déjà commandé tout pour sa punition ; tout le monde le croit aussi. »

Je vois bien que les gens de mon escorte comme le milicien attendent le spectacle de mon jugement. J'explique que le chef de Kankan étant mon grand ami, je considère tous les chefs de village de sa province, pareils à ses frères, comme mes amis ; celui qui est devant moi étant un petit frère de mon grand ami, je ne veux pas le faire punir car je suppose que c'est son messager ou sa mémoire qui l'a trahi, mais il n'a pu manquer de bonne volonté envers moi.

Le chef s'avance alors vers moi tout ému, et quand je lui tends la main, il la lisse entre les siennes ainsi qu'il est d'usage en remerciant. Puis il me présente ses parents, et tous, cela fait, s'éloignent au plus vite avec cette démarche un peu sautillante qu'ont les gens allègres qui marchent pieds nus sur des rochers.

Personne n'est trop déçu, je crois, de mon discours, excepté moi, et sous prétexte de me reposer, je me retire pour méditer dans ma case où mon lit et ma table sont déjà dressés.

Je songe que voici la première fois depuis mon arrivée en Afrique, que j'interviens activement, autoritairement, dans la vie nègre, en coloniale. Durant mon séjour à Conakry j'étais restée perdue dans la foule indigène sans avouer de titre qui me recommandât à elle, sans relations et sans prestige. Un jeune Noir n'avait-il pas répandu que j'étais venue pour : « faire la vie » ? et il me donnait vingt-cinq ans. Ainsi celui-là m'avait refusé même le prestige de l'âge, car chez les Noirs comme en Chine, la jeunesse c'est infâmant.

En ce temps-là je pouvais donc juger de très haut les Blancs en fonctions. A l'égard de ceux que j'avais vus hissés sur la terrasse du grand hôtel, ou en pousse, je pouvais bien être arrogante, puisque moi-même je marchais à pied. Mais voilà qu'il m'arrive depuis Kankan une bien terrible aventure : je ne peux plus me servir moi-même de mes pieds ni de mes mains. Je ne peux plus absolument prendre de fatigue. Le pire c'est que je ne trouve pas que cela soit très dur. Il est vrai que jusqu'à ce soir, je m'étais prévalue de ma parfaite passivité ; toute mon absurdité venait du hasard ; n'étais-je point, de par l'hallucination du chef de Kankan, un petit roi de paille, un fétiche irresponsable de son destin? Mais aujourd'hui je venais de prendre parti justement pour ce destin ; je l'avais reconnu. J'en étais honteuse. De cet homme qui avait tremblé devant moi j'avais tiré de la gloire et de la magnanimité personnelles ; car puisque j'acceptais ses excuses, je faisais entendre par là que j'aurais pu les refuser. Pouvais-je agir autrement? A tous j'avais paru logique en intervenant et je l'étais en esthétique. N'étais-je pas comme au théâtre un acteur, en harmonie avec mon cortège? C'est mon cortège qui m'avait trahie.

Les cortèges ont dû trahir beaucoup de gens, ailleurs et ici surtout en pays noir, et c'est pourquoi je commence à comprendre les Blancs coloniaux et les plains. Comme moi aujourd'hui, ils sont tout le temps les tristes victimes d'un heureux hasard. Ils ne sont pas spécialement plus méchants ni plus bêtes que d'autres personnes, j'en suis convaincue maintenant. Ils sont tels que seraient des hommes qui se trouveraient munis, par hasard, d'une carabine, sans préméditation de chasse. En tuant, ou en épargnant les perdreaux qui fuient, ils se croiraient vaillants ou miséricordieux. Le seul port du fusil ne confère-t-il pas instantanément la noblesse ? Il faut avoir l'âme du diable pour se méfier. J'évoque successivement tous les administrateurs que j'ai rencontrés jusqu'ici. Tous sont grands amis de leur table et de leur jardin, de leurs cocktails et de leurs roses, de leurs chimpanzés et parfois de leurs femmes, et tous admirent les cascades éperdûment.

Si l'on en a fait des brigands, ce n'est pas leur faute, ils n'avaient pas de vocation très particulière. Mais on les a munis à discrétion d'armes morales et matérielles ! Les armes provoquent des fuites ; les fuites provoquent le tir, même chez les chasseurs bénévoles. Et le plus grave est que le gibier est excellent à manger ; soit à exploiter, l'indigène. C'est comme une fatalité !

28 *décembre.*

Nous avons passé un jour de plus à Diangana parce que nous y avons attendu la fiancée de Mamady que sa sœur lui a amenée.

Ce mariage s'est décidé à Kankan l'avant-dernier jour de mon départ. La jeune personne choisie a déjà été mariée, mais elle est divorcée. Elle est la petite sœur, et, — faute de père, — la propriété du notable qui m'a logée. Sa main est une gloire pour mon boy, homme de caste dans son pays et de cette race kissienne fort basse dans la hiérarchie des races aux yeux d'un noble Malinké-Mori. Mais le grand seigneur de Kankan trouve avec Mamady la dot de cinq cents francs dont il a besoin pour payer ses dettes les plus criantes et ma protection. Puisque j'ai déclaré maintes fois que Mamady est comme mon fils, c'est à moi qu'il amène sa sœur en me disant : « C'est à vous que je la donne pour que vous l'adoptiez comme votre fille en la donnant à Mamady si elle vous plaît ou pour me la rendre, si vous la jugez indigne de vous et de lui. »

Après cela les formalités se sont accomplies selon le mode indigène. Le témoin de Mamady, un garde-cercle, a été faire officiellement au notable propriétaire la demande en mariage, laquelle agréée, permet à Mamady lui-même de la faire officiellement. L'acceptation ayant eu lieu devant tout le monde, Mamady peut offrir les cinquante kolas blanches et roses en nombre égal qui représentent ici le bouquet de fiançailles. Le versement du premier acompte de l'époux à son beau-frère s'est fait devant les témoins respectifs des parties. Quant à la formalité mondaine des réjouissances, festin et tam-tam, elle n'est point exigible pour de secondes noces.

Aujourd'hui Mamma et sa sœur aînée, qui porte un bébé sur ses reins, ont fait vingt-cinq kilomètres pour nous atteindre, de Kankan ici, et je les vois quitter la route et venir directement avant d'avoir salué personne, pas même leur frère, vers ma case.

La jeune mère est grande et forte, sa figure mi-maure, mi-nègre, est régulière, froide et altière aussi, et lorsqu'elle ramène l'enfant à son sein en faisant mouvoir d'un geste lent et grave l'écharpe qui le fixait à son dos, je songe qu'elle ferait un parfait modèle, ennuyeux comme il sied, de fécondité noire pour billets de banque nègre, s'il en existait. Sa sœur, la nouvelle mariée, est moins belle ; lourde de lèvres et de corps, elle n'a de remarquable que ses yeux, des yeux énormes et très doux, mais dans lesquels j'essaie en vain de suivre ses prunelles. Trop petites pour la sclérotique, trop craintives, je me fatigue à les regarder comme à fixer des oiseaux dans le ciel. Mamady est venu au bout d'un moment saluer les deux femmes, traduire nos compliments réciproques et il s'est retiré discrètement. Il est si cérémonieux que je suppose qu'il adopterait pour parler à sa femme le « vous » des gens chic, si l'équivalent se trouvait ici. Mes compatriotes auraient en outre remarqué pendant la minute de sa présence auprès de l'épousée que celle-ci, étant petite et massive, faisait avec lui très élancé, un couple des plus disparates. Il en serait ainsi s'il arrivait jamais qu'il marchât auprès d'elle comme les époux font tous les jours en France. Mais en pays noir le couple n'existe pas, sinon nocturne, et les désharmonies physiques importent.

Mamady, avant de l'épouser aujourd'hui, n'avait aperçu que trois fois à Kankan sa fiancée, et parce qu'il connaît les usages français et pressent ma critique sur la désinvolture extrême de son choix, il m'affirme ce soir sans que je l'en prie :

— Les femmes noires ne sont pas du tout comme les femmes blanches ; elles sont bonnes tout à fait ou mauvaises tout à fait. Moi, si je regarde une personne ici seulement deux ou trois fois, je peux dire si elle est bonne, je ne me trompe pas.

29 *décembre.*

De Diangana jusqu'à la limite de la province du grand chef de Kankan, mon ami, c'est, dans tous les villages, le même empressement par ordre sur mon passage, les mêmes fêtes, les mêmes honneurs ! Nafadié, Fodécaria particulièrement, m'offrent des cases luxueuses ornées d'une architecture intérieure en terre battue, d'estrades, de marches, de lits élevés, de bancs adhérents au mur. Un crépissage frais les veloute. Des nattes à profusion forment plafonds et tapis. Je ne suis donc plus logée dans des caravansérails, à l'écart du village, mais au centre des agglomérations, dans les cases personnelles des chefs, dans ce carré familial qui ressemble à une forteresse avec ses murs d'argile élevés ici à la hauteur des cases d'angle qu'ils unissent.

Les chefs, montés, enturbannés, le visage décoré d'un collier de barbe grisonnante, hérissés d'armes, raides, graves, ont une allure moyenageuse qui va très bien avec leur demeure. Ils ne déçoivent nullement l'idée que je m'étais faite dans mon enfance de tous les chefs musulmans d'après l'illustration un peu emphatique de ma *Jérusalem délivrée.*

A chaque étape m'est offert un tam-tam : tam-tam d'enfants, de vieilles et de jeunes femmes. Nues à l'exception de ceintures et de bracelets en grelots ; tête rasée, polie à l'exception d'un îlot de cheveux fixant la longue flamme de crins roux ou le cimier de casque hérissé de cabochons blancs ; les mains munies de petits sceptres frangés de « queues de bœufs » symboles de puissance, les petites filles de huit à dix ans que j'ai vu danser sont prestigieuses. Le style de la danse est le même pour toutes, mais des variations nombreuses sont introduites au gré des petites artistes.

Voici l'une d'elles entrant dans l'arène des spectateurs. La croupe tendue, les genoux pliés, les reins cambrés, la tête redressée elle lance à droite et à gauche au rythme de ses pas, les franges de ses sceptres et sa ronde tête à chaque mouvement de son bras s'incline sur l'épaule inverse presque horizontalement. L'accentuation de ces gestes dépasse la grâce, elle atteint la force des équilibres esthétiques, des contrastes. Puis elle double les mouvements ou ralentit pour accuser de nouveaux angles aigus ou droits formés par ses jambes. Mais soit qu'elle coure, qu'elle bondisse, qu'elle tourne, qu'elle procède à des écarts qui rappellent ceux des danseuses cambodgiennes, il reste assez de dureté, de sévérité dans le style pour éloigner l'idée de l'école Duncan. Tous les artistes nègres quels que soient leur âge et leur sexe ont un sens moins idolâtre, plus strictement statique des formes humaines, que les artistes grecs.

La plus petite danseuse est la plus sensuelle. On ne saurait détacher d'elle les yeux un instant. Sa figure est grave, les balancements de son corps, moins désinvoltes, sont délicats, retenus ou suspendus comme des spasmes. Les combinaisons des angles de ses membres sont plus hardis et les frémissements de ses épaules, qu'elle répète, sont d'une précision musicale, pourrait-on dire, telle qu'elle rappelle les trilles d'oiseaux.

La foule venue de loin et qui se compose d'environ un millier de personnes, ne s'y trompe pas. Elle sourit à la petite ; mais avide d'art ne la ménage pas, la laisse à son ivresse. Et l'enfant potelée comme un angelet emporte à elle toute seule, en vitesse accrue, au gré de son rythme peuplé des plus diaboliques syncopes, les suants joueurs de tam-tams, de balafons, de triangles, sans compter les mains des femmes qui sont d'infatigables et fraîches cymbales.

Il est facile de prévoir le succès que pourraient avoir à Paris ces mignonnes étoiles, si on pouvait sans ternir leur flamme les y transporter ; elles permettraient au public le plus profane une initiation à l'art nègre aussi confortable qu'irrésistible : avant même qu'elles dansent il faudrait bien qu'on les aimât et qu'on les applaudît.

Le tam-tam des pêcheuses de Nafadié et de Fodécaria serait plus difficile à acclimater à l'Opéra de Paris. Et cependant l'art en est plus pur encore, étant tout à fait dégagé d'accessoires aimables.

Ce sont de vieilles femmes qui le dansent, nues ou presque, maigres et laides. Leurs corps usés évoquent la matière des bois et pierres des statues archaïques rugueuses ou frustes. Nulle tentative de grâce bien entendu. Les vieilles tiennent des pagaies, des perches, des harpons, mais il ne faut pas penser qu'elles font avec cela du pittoresque ou de l'imitation maniérée, grotesque, comme à l'Opéra-Comique. Elles font de la pantomime rythmée, géométrique, grave et monotone. La monotonie est essentielle dans leur art, elle finit par forcer l'attention qu'elle mettrait d'abord en fuite. Je vois des corps se pencher en avant à la faveur de la mesure, des bras se lever à la hauteur des figures et remuer horizontalement le harpon, puis les instruments de pêche plongent ; plusieurs fois tous plongent obliquement, non pas comme on harponne, mais comme on enlèverait du sable avec des pelles. Et puis les pointes se relèvent, les corps aussi, mais c'est pour plonger encore tout d'un coup. Voilà les perches horizontales, et les harpons agitant au ras du sol le poisson imaginaire, et cela se répète, corps ployés ou droits, les seins pendants ou collés au buste jusqu'au ventre.

30 *décembre.*

Entre les cercles de Kankan et de Siguiri, après avoir pris congé de nos amis les chefs, nous rencontrons le feu de brousse qu'il faut traverser. C'est un feu court et clair qui, faute de vent, se tient droit, joliment aigretté de fumée blanche. Il ne ressemble pas à nos feux de pinède de la Provence qui ne laissent que le désert après eux. Il ne procède pas par bonds de conquête ; il marche tranquillement au pas comme chez lui, dans la clairière ou sous le convert des arbres, et on a envie en suivant la route à côté de lui, de lui demander pardon.

Un étonnement : malgré le calme de l'atmosphère, on voit au-dessus de la fumée comme un vol de flammèches longues et noires, tourbillonnantes. Puisqu'il ne brûle sur le sol que la paille sèche d'où cela peut-il venir? Ce ne sont pas des cendres : ce sont des oiseaux, des hirondelles surtout qui se disputent les insectes chassés vers le ciel par le feu. Les plus grandes sont des Africaines au ventre fauve et aux ailes vertes.

Après le feu nous rencontrons le Niger qu'il faut également traverser. C'est aussi facile de le faire à pied et ce n'est guère plus frais. Emergés prématurément cette année, des bancs de sable multiples flambent, là aussi... à leur manière, au soleil.

Diélibakoro.

Je présume que les fonctionnaires français qui ont à se rendre de Kankan à Siguiri empruntent plus volontiers la voie fluviale que la route, car plusieurs caravansérails, faute d'entretien, tombent en ruine. Dans une case d'ici, je remarque quinze nids d'hirondelles et des murs assez abondamment crépis de leur fiente ; dans une autre, de la paille antique du toit, il pleut des punaises sur ma moustiquaire.

Les chefs que nous trouvons sont aussi de plus en plus vieux, comme les toits. Mon garde-cercle qui est, je l'ai dit déjà, malveillant, assure que la population de cette contrée et de bien d'autres au Soudan n'apprécie guère dans ses représentants que leur gâtisme qui lui donne prétexte à mépriser leurs ordres. D'après lui ils auraient opté pour le régime du soliveau.

Baladougou.

Le très vieux chef de ce village illustre à merveille la démonstration de mon garde et guide. Ses administrés, après m'avoir procuré le poulet et les vivres réglementaires ainsi qu'à mes porteurs, se sont retirés, et le vieillard doit me soigner seul. Il soigne de tout son cœur les rares Français qui passent, parce qu'il ambitionne les hautes fonctions de chef de province, fonctions que dispense l'Administration.

Donc pour m'émouvoir en faveur de son rêve, il compte sur l'effet de luxes délicats : un beurre de carité plus frais, un œuf nouveau pondu, du bois sec, du miel, et pour découvrir ces luxes il se multiplie. Il est bien nécessaire qu'il se multiplie, car personne ne l'aide. Il n'a pas d'autorité. Ses parents l'abandonnent autant que sa mémoire et ses jambes ; elles sont tellement raides ses pauvres jambes, ainsi que son maigre et long corps tout voûté qu'en marchant si vite sur le sol raboteux il a littéralement l'air de sauter ; mais dans sa face d'un brun rougeâtre sillonnée de rides, sa peau moite et ses yeux saillants luisent de reflets de joie, magnifiques. Toutefois quand il m'aborde après avoir acquis un objet nouveau à mon intention, il ne semble plus tout à coup se rappeler l'usage qu'il voulait en faire. Ses mains squelettiques restent agrippées sur la chose promenée depuis un quart d'heure et quand on veut l'en décharger il hésite un peu. On voit bien qu'il craint de perdre aussi, avec ce qu'il serre, l'espoir d'obtenir en échange mon encouragement. Mais dès mon merci et mon sourire, le voilà tout chaud reparti pour une autre chasse. Quelle journée pour lui ! A cinq heures, quand il assiste au tam-tam à côté de moi, je le vois d'abord lutter contre le sommeil, les yeux écarquillés dans la terreur d'être incorrect, puis fatalement s'effondrer et dormir... Sa hantise bientôt le réveille et, me voyant un carnet dans les mains, car je dessine, il me fait dire par Mamady :

— Marquez mon nom sur votre livre, marquez... pour le gouverneur. Si je suis nommé chef de province, même pour une heure, je mourrai content !...

Avant d'arriver à Siguiri, à chacune des dernières étapes, je me suis promenée, selon mon habitude, solitairement dans les champs, dans ce qui devrait être des champs et doit l'être pendant l'hivernage, mais qui n'est actuellement que de la poussière. A l'exception de quelques papayers assez semblables à des ricins arborescents et de plants de tabac grisâtres, il n'est pas un atome de végétation autour des villages. Placés sur de petites éminences, leurs cases d'argile bien nues, accolées à d'autres cases, ressemblent à ces grappes de cellules que construisent les abeilles maçonnes contre les vieux murs des hangars.

Sur la route, pendant des kilomètres, rien ! C'est l'unité dans la couleur et dans la matière ; la campagne, le ciel, le Niger lui-même sont roussâtres et rigides. On me dit que la peste bovine a détruit les troupeaux ; un poète qui viendrait là aujourd'hui croirait plutôt que leurs âmes découragées se sont envolées de ce paysage vers quelque normand paradis des vaches.

A un kilomètre ou deux de chaque village, voici les enfants. De loin j'aperçois leur troupe partagée par la route qu'ils laissent libre avec respect, soit qu'ils restent assis sur ses bords en nous attendant, soit qu'ils s'avancent en double haie. Ils ne l'encombrent qu'en nous escortant. Les voyageurs parlent avec terreur des troupes agressives de gamins rencontrées dans certains pays ; mais ils ne sauraient se plaindre de celles d'Afrique. Il ne s'en crée qu'aux fins de bienvenue ! Elles ne se présentent pas, ces troupes, ici comme autour de Kankan, pavoisées de ces petits boubous ou chemises blancs, bleus, roses, écrus ; tous les gamins sont absolument nus sans exception ; et sans exception aussi tous sont couverts d'une poussière qui leur est adhérente des pieds à la tête. Leurs traits en sont altérés, leurs formes raidies ; c'est comme si un sculpteur les avait refaits pour la circonstance. La circonstance, c'est évidemment d'incarner la sécheresse et le flamboiement. Les petits corps dressés et blanchis me semblent nourris avec la matière ambiante, avec la poussière, avec la lumière. Mais à notre rencontre quand ils tendent leurs bras vers le ciel en criant et en agitant des rameaux très verts trouvés on ne sait où, que penser de cette fraîcheur soudaine? On dirait que leur cœur, que leur émoi naïf a trouvé moyen de jaillir hors de leur rudesse.

J'ai dit au garde-cercle avant Diamanadougou de prévenir ces gosses qu'ils aient à nous suivre, non à nous précéder. Ils gêneraient les porteurs, ils sont trop nombreux. Cependant j'ai des remords quand je les vois en silence emboîter nos pas à l'arrière, comme des soldats. Je leur fais demander de chanter, Ils chantent en chœur celles des chansons du répertoire des griots usitées au passage des Européens, celle-ci par exemple : « Les Français sont grands rois, ils ont de grands fusils, ils sont bons ; si quelqu'un ne le dit pas, il faut lui couper la tête. »

L'un des enfants connaît une autre chanson qu'essaient après lui ses camarades, mais des discordances se produisent qui les déçoivent. Bientôt je l'entends chanter tout seul un peu timidement. Sa voix se fêle parce qu'il pense bien que je l'écoute. Il m'a vue me retourner. Il chante sur une dizaine de notes très proches du medium; sa voix devient de plus en plus menue, chaque fois qu'il recommence, au lieu de prendre de l'assurance, et finit par devenir fragile comme celle d'un bébé. Ce qui m'étonne le plus, c'est que les autres se taisent. N'est-ce pas étrange une telle ferme volonté de faire quelque chose de concerté, de la part d'une cinquantaine de bambins, lâchés tout seuls sur une route?

Siguiri.

31 *décembre au 4 janvier* 1922.

Quelqu'un m'avait dit : Siguiri est un joli poste, un bouquet de verdure contre un coteau au bord du Niger.

Cette parure de Siguiri était faite d'une quarantaine de vieux kapokiers fantastiques qui ombrageaient les abords de l'école et du marché.

Le directeur français de l'école a obtenu de l'administrateur de faire abattre tous ces arbres. Le prétexte qu'il a invoqué est l'abondance du kapok qui, envahissant les classes, causait aux élèves des maladies d'yeux. L'explication du fait par les indigènes est que ce directeur a une peur intense de la foudre et accusait les géants de l'attirer sur son quartier. Les troncs énormes abattus et ébranchés ressemblent aujourd'hui à de monstrueux crocodiles gris échoués sur le plateau de latérite si rouge ici, qu'elle évoque à midi, la braise.

Les sommets des coteaux qui environnent Siguiri sont entièrement pelés et noircis par les feux de brousse ; le seul qui soit agrémenté de quelques arbres porte les bâtiments du poste administratif. Ce poste est une vraie citadelle, construite par le général Galliéni et qui domine abruptement le village.

Quand on se promène sur les terrains alluvionnaires, le long du Niger, la ville de Siguiri se présente au nord telle qu'un oiseau, un paon, qui dresse haut sa tête : le poste ; et qui étale de plus en plus bas sa queue : la multiplicité de ses cases. J'ai demandé à Mamady s'il la trouvait à son goût.

— Une ville comme celle-là, m'a-t-il dit, je ne l'aime pas beaucoup. Si l'on sort seulement de sa case, on voit toutes les cases, on voit tout. Il n'y a rien qui cache rien, ce n'est pas la peine d'aller se promener. La jolie ville, c'est celle qui laisse regarder rien qu'une place seulement, après il faut courir pour voir d'autres choses. La jolie ville c'est celle-là qui fait bien tourner autour d'elle.

Je suis logée au village indigène, dans le carré du chef de province, vieil homme hargneux et ingrat, de visage et de caractère. J'ai le temps de l'observer. Il est mon voisin de case. La mienne, il est vrai, tourne le dos à la sienne, mais le petit hangar de paille qui me sert de vérandah prend vue sur elle. Il doit quelquefois se tenir debout, notamment pour me saluer, mais cette attitude chez lui est si fugace que je ne l'ai pas retenue. Il reste constamment accroupi devant sa porte en bois plein qu'il n'ouvre jamais grande, rarement entr'ouvre, laisse plutôt close avec un tour de clef. Les plis sombres de son boubou violet bleu doublé de blanc, bien étalés autour de lui comme une robe, il a l'air d'un vieux bonze gardant le trésor d'un dieu. Que garde-t-il au juste avec tant de vigilance ? Trésor ou femmes? Certains disent les deux. Les sommes qu'il touche en mariant ses filles fort nombreuses, on lui reproche de les utiliser — infraction aux préceptes de la loi coranique — à l'achat d'épouses, ou plutôt de servantes, étant donné son âge.

Les cases de ses épouses et servantes entourent la mienne de très près. Un mur bas joint les plus excentriques pour former le carré, mais celles du centre se dressent librement, et leur disposition désordonnée semble plutôt le fait d'une végétation naturelle, une poussée spontanée de champignons, que le résultat d'une volonté humaine. C'est qu'il a fallu pour abriter chaque épouse nouvelle empiéter sur la cour centrale primitive qui a disparu. Les palabres politiques ou judiciaires qui réunissent autour du chef les notables de la ville doivent, faute d'espace, tapisser d'élégants boubous l'ocreuse paroi d'un boyau étroit encombré de canards, de poules et de vaches avec leurs veaux et avec leur fumier. Le vieillard se moque des belles ordonnances et de la majesté. Il met, paraît-il, tout son art à décourager l'équité dans les négociations d'affaires et les procès, et je le croirais volontiers à en juger par l'habileté de ses gestes.

Depuis que je suis en Afrique Occidentale, je n'ai jamais été aussi mal logée, ni aussi bien placée pour me faire une idée de la vie des femmes. C'est en face de ma case qu'elles pilent le riz, au nombre de cinq ou six. Ce ne sont pas toujours les mêmes, mais elles sont toujours d'âge très divers ; certaines ont des seins flétris depuis longtemps qui pendent, d'autres les portent droits, d'autres dressés ; mais toutes bavardent et rient également ; toutes semblent jouer avec le pilon qu'elles laissent retomber seul et relèvent haut, après avoir, dans l'intervalle bref, frappé dans leurs mains comme les fillettes qui jouent à faire rebondir leur balle contre un mur.

J'ai voulu plusieurs fois les peindre, comme j'avais peint des chefs palabrant ; mais à la vue de ma palette, elles s'éparpillent et se cachent en riant et en jetant des cris. Leurs enfants, au contraire, se proposent à mon pinceau en riant aussi. Il n'y a que les veaux qui sont à l'attache un peu plus loin et le chef de province qui ne rient jamais. Celui-ci à dû dire à ses femmes de ne pas me fréquenter, aucune ne vient me voir ; mais j'ai d'autres visiteuses. L'une d'elles, une griotte, vient toujours à l'heure des repas. L'épouse de Mamady, Mamma, lui donne une part de son riz régulièrement, je lui fais goûter aussi à mon menu. Dans la journée, si elle me trouve en train de manger des bananes, elle frappe sur son ventre et me dit : « Kounko béna » (j'ai faim), pour que je partage. Je n'oublierai plus ces mots-là. Elle ne fait plus la cuisine chez elle et vit désormais chez moi ou chez Mamady, avec sa fille, et sans plus de cérémonie que les chiens ou les chats qui se font adopter. Son mari est absent : il cherche de l'or, — nous sommes près de Bouré. En attendant son retour elle est libre et se plaît chez nous. C'est très simple. Elle n'aime pas le chef de province qu'elle traite d'avare : de temps en temps elle va faire du scandale à sa porte, déclarant bien haut devant d'autres Noirs que c'est une honte qu'un grand chef de Siguiri qui loge une grande Européenne ne lui offre pas tous les jours des présents d'hospitalité. Elle insiste particulièrement sur le poisson, sachant que je l'aime. Et le lendemain d'un de ces affronts, je reçois toujours l'un des exquis habitants du Niger qu'on appelle des capitaines.

Mamma reçoit deux jeunes femmes originaires de Kankan mariées ici; c'est à Kankan qu'elle les a connues. Elles ont beaucoup d'usage du monde, comme Mamma : elles passent à peine une heure avec elle, dans l'après-midi, parlant et riant discrètement pour ne pas me gêner, car je suis voisine. Mamma elle-même est des plus discrètes... à moins qu'elle n'ait peur de moi? Je voulais lui apprendre le français, mais j'y renonce. Plusieurs jours je lui ai fait prononcer le nom des objets qui nous entourent. Son mari m'assure qu'elle sait leur nom, et je le crois ; mais à chaque leçon il faut que je nomme, la première, les mêmes objets. Elle ne veut témoigner que d'obéissance. Par contre, l'ayant emmenée dans un magasin pour lui offrir un mouchoir de tête et un casaquin, son choix et son geste n'ont pas connu une seconde d'hésitation malgré la mienne. Quand il s'agit de parure, elle préfère le violet, le rose et le noir à l'obéissance.

Ma meilleure amie est une femme divorcée, belle, riche et distinguée de traits et d'esprit. On l'appelle dans le pays Kadioba la longue. Elle possède de jolis yeux persans, longs et un peu obliques et des dents splendides. Sa main étroite est si fine d'os que sous la pression de la mienne elle se fond comme un feuillage quand elle est transie de froid le soir, ou se gonfle telle une délicate pâtisserie quand il fait chaud. Ses pieds, à demi couverts des pendeloques d'argent fixées à ses anneaux de cheville, paraissent aussi légers que ses mains et si patients l'un auprès de l'autre, si sages et comme rêveurs, quand elle est assise !

Elle ne manque pas d'amants, dont elle fait ses commis, me dit-elle, en cette saison, pour aller échanger des cotonnades contre des kolas toma ou des laines mossi. Pendant les pluies, c'est l'or qu'elle cherche ou fait chercher. Plusieurs de ses commis et amants l'ont déjà volée. Elle dit qu'un de ces jours l'un d'eux l'empoisonnera pour s'emparer de ce qu'elle possède puisque, contre l'usage, elle ne veut pas se laisser épouser. Elle voudrait que je m'emploie à lui faire restituer au moins un de ses trois enfants que son ex-mari lui a enlevés. C'est en vain qu'elle a dépensé les trois quarts de sa fortune pour aller implorer le gouverneur, jadis, jusqu'à Conakry.

6 *janvier.*

Depuis mon débarquement en Afrique Occidentale, depuis que je vais de la côte à l'intérieur et que j'observe et peins des femmes, je les vois marcher de plus en plus vite. A Dakar, les Ouoloves engoncées richement de toutes les pièces de leur garde-robe superposées, avançaient à peine, majestueuses, traînant leurs sandales. Je me plaisais, à Conakry, à voir la nonchalance des jeunes femmes soussou. Celles de Kankan, déjà un peu plus vives, me rappelaient l'allure allègre et légère des figurines des vases grecs. Celles de Siguiri se hâtent comme des serves. Leurs corvées d'eau, de bois, et de blanchissage, accomplies loin de la ville, sont des plus pénibles. A Siguiri les femmes ne sont jamais assises ; les hommes ne sont jamais debout, et l'on s'étonne que ce soient elles, les plus gracieuses et les plus gaies.

Un traitant ouolof m'explique la différence des attitudes en disant que les hommes ont tous les soucis comme patriarches, comme gardiens de vieilles traditions locales. Au temps de la gloire des anciens empires soudanais, leurs pères avaient de la fortune et de l'autorité. Les fils n'en ont plus, toutefois ils viennent comme s'ils n'avaient rien d'autre à faire qu'à les défendre. Et leur humeur s'aigrit en de vaines palabres.

Il est vrai qu'ils sont terriblement processifs. Pas de jour que des plaignants ne viennent me prier de recommander leur cas au président du tribunal de subdivision ou de cercle. Les uns réclament contre leur chef de village qui aurait détourné à son profit l'argent de l'impôt ; d'autres sont en litige pour la possession d'une vache, d'un âne, d'un mouton ; mais les trois quarts revendiquent des femmes. Depuis que leurs troupeaux sont anéantis, les gens d'ici n'exploitent que leurs femmes. Ils les ont obtenues contre une somme fort élevée, — quinze cents à deux mille francs — pour qu'on ne les puisse plus rembourser, car ils savent le peu d'attachement qu'ont pour eux leurs épouses et veulent prévenir leur désir de divorce. N'empêche que des divorces se jugent tous les jours ; bien des pères se piquant d'honneur, pour libérer leur fille, de rendre leur dot, quittes à s'endetter pour cela.

9 *janvier*.

J'ai appris qu'il existe un couple de lions dans la brousse, à quatre kilomètres de Siguiri, et je suis allée un de ces jours derniers me promener de ce côté-là avec Mamady. Ce n'était pas dans l'espoir d'apercevoir les fauves, je sais qu'ils sont affreusement timides, mais je voulais voir le décor. Dans nos journaux illustrés comme dans les peintures romantiques, la représentation du lion bénéficie toujours de fonds expressifs de sa puissance. Dans la réalité, aucune mise en scène.

Je me suis assise dans les parages même où fréquente le roi des animaux et sa famille, et rien n'y évoque son rang. Pas d'anfractuosités de la montagne, pas d'accumulation de rochers : des mouvements de terrain, des buissons, des arbres quelconques. Je pense qu'il faudrait bien être dévoré dans ce lieu-là par le lion pour croire à sa présence, et je l'aurais pris pour un veau, si je l'y avais entrevu.

10 *janvier*.

Ce matin à quatre heures, je suis allé visiter une île habitée par les crocodiles et les hippopotames. Cette promenade-là me prépare un peu mieux à découvrir des formes nouvelles. L'ensevelissement de mon corps dans la pirogue, périssoire profonde qui met mon visage au niveau de l'étendue plombée de l'eau, les berges grises, le piroguier noir : tout cela est plus émouvant que la brousse. L'île désignée est enveloppée de vols de canards, d'échassiers divers ; sa végétation est loin d'être luxuriante : pour toute originalité elle n'est que mal peignée, pelée par places et sale à la façon de chevelures d'enfants qui seraient ravagées par la teigne et les poux. Près d'une vaste cuvette boueuse d'où l'eau hivernale s'est évaporée, un peu d'herbe fraîche et, enfin, les... empreintes des pieds d'un hippopotame ! Certaines sont larges, profondes à y dissimuler un lièvre et si récentes que le vent n'en n'a pas encore séché les arêtes. Le monstre vient de partir. Je m'assieds sur l'herbe ; je dessine mon piroguier qui s'est assis un peu plus loin en face de moi, quand soudain celui-ci, d'un geste tranquille, me montre à sa gauche un crocodile qui se laisse choir gauchement du bord de la berge dans l'eau. Puis-je dire que j'ai vu un crocodile du Niger? Sans doute, mais j'ai tellement mieux vu ceux du Jardin des Plantes !

11 *janvier*.

A cette période de mon séjour à Siguiri, quand je ne sors pas avant le jour, je ne peux plus sortir du tout. D'anciens tirailleurs viennent assiéger ma case et je ne peux plus m'en défaire. Je n'ai pas encore eu d'exemple ailleurs d'une indiscrétion pareille. Ils ne s'excusent pas de leur arrivée matinale en alléguant quelque nécessité de leur profession ou de leur passage en ville, ou en protestant de leur hâte à venir me voir. Ils sont très loin de ceux qui venaient me voir à Kankan de très bonne heure aussi, certes, mais qui me disaient du moins poliment : « Nous avons été bien soignés par les madames françaises dans les hôpitaux ; nous sommes tous contents de venir saluer ici une madame de Paris. » Cela ne les empêchait pas de faire « calamission » par mon intermédiaire, c'est-à-dire réclamation de leur dû au gouvernement, au « ministre de la Guerre » dont ils me supposent facile l'accès. Mais à cela je n'avais rien à dire. Du bien ou mal fondé d'une réclamation, je ne pouvais être juge. J'aurais admis que les anciens tirailleurs du cercle de Siguiri réclamassent soit à raison, soit à tort. Puisqu'il y va de la dignité de tous les enrégimentés, soit civils, soit militaires, de faire valoir des droits, d'ailleurs illusoires, j'aurais pris en patience leurs réclamations comme un hommage à l'uniforme dont encore il reste, suspendus à leurs corps, de sales et fidèles lambeaux. Mais ce que je ne peux admettre c'est qu'ils me prennent moi-même pour un bureau en fonctions. Je ne possède qu'une table, et pliante, d'une faiblesse et d'une exiguïté extrêmes, incapable de supporter le moindre registre. Je ne manie qu'un carnet de notes, des blocs d'aquarelliste et des pinceaux. Les gens de Kankan le savaient. Ils s'adressaient à mes yeux, à mon âme. Nous palabrions ; mais ceux-ci mettent dans mes mains leur livret matricule : « Toi y a prendre mon matricule et tout ça dans mon livret pour calamission. » Ils n'ont pas préalablement demandé qui je suis, d'où je viens, si j'ai une famille, si j'ai longtemps voyagé et souffert. Peu leur importe ou, du moins, ils n'y songent pas. Je ne suis pour eux comme dans la chanson des Auvergnats, ni homme ni femme ; je ne suis que blanche, et la peau blanche est pour eux une enseigne qui suppose le bureau où tout tirailleur, à toute heure, se reconnaît le droit de frapper. C'est en vain que je leur fais expliquer par Mamady que je ne suis pas en tournée de distribution des primes. Quand je tente de m'esquiver, ils me barrent la route et, comme au fond des bois des brigands diraient : « La bourse ou la vie », leur carnet à la main, ils intiment : « La calamission ou, pas de liberté... » Certains, plus éloquents encore, clament à peine arrivés : « Du pognon ! du pognon ! » Et cela devient pitoyable et tragique.

Il m'a fallu demander des explications partout sur un aussi étrange phénomène. L'administrateur m'a dit :

— J'ai vu beaucoup d'anciens tirailleurs dans d'autres cercles, mais je n'en n'ai jamais vu d'aussi insupportables que dans celui-ci. La faute en revient à l'incompétence coloniale de la métropole. Si on ne leur avait pas donné des allocations et promis des primes, ils se seraient remis au travail aussitôt démobilisés. Pour que l'indigène travaille, il faut qu'il sente la faim et ne compte que sur ses bras.

Prétendre que la faim soit la meilleure garantie du bien-être des indigènes me semble exagéré. Cet administrateur est dans la tradition de tous nos grands bons pères du peuple, qui tous ont eu cette opinion que les pauvres ne peuvent être accablés que par la fortune, que leurs déboires et leurs vices ne peuvent venir que de là. « Ils ont trop de chance », disent par exemple couramment les Blancs à propos des soldats noirs.

Un Noir, ancien sergent, émet un autre avis :

— Les anciens tirailleurs sont pires ici qu'ailleurs, parce que ce sont presque tous d'anciens esclaves, gens de peu d'initiative. Se trouvant remplacés chez leur maître, à leur retour de France, par des ouvriers soudanais ou kissiens, ils traînent et boivent en attendant des secours militaires, et s'abrutissent.

Un autre indigène prétend que si les tirailleurs sont fous, c'est qu'ils n'ont rien retrouvé au village natal pour une vie saine. Il n'est point de vie saine pour les Malinké sans bétail et sans femmes. Or souvent les épouses qu'ils avaient acquises avant le service leur ont été ravies, leurs vaches volées et d'autres sont mortes. A l'ambition de vainqueurs de retour au foyer et à leur appétit ne s'offrent souvent que quelques femmes divorcées, souvent stériles car toutes les filles, jusqu'aux plus petites sont déjà fiancées à d'habiles vieillards. Et si la prime ou la pension qu'ils font miroiter ne leur échoit pas, les divorcées elles aussi leur échappent. On dit qu'ils pourraient travailler?

Travailler sans femmes, ici, c'est travailler, pour un père ou un frère aîné; comme de petits garçons. Des « héros » ne sauraient accepter ce destin.

Depuis quatre jours Mamady est pris d'un gros accès de fièvre paludéenne. Sa température monte en quelques heures, le matin, à 40° puis redescend, pour remonter le lendemain avec le soleil. Le médecin trouve étranges ces courbes et craint plutôt la fièvre récurrente dont les cas mortels sont fréquents en ce moment parmi les laptots du Niger. Il voudrait prélever sur le malade quelques gouttes de sang pour une analyse.

— Mais, craint-il, votre boy ne va pas vouloir se laisser toucher. Mes patients indigènes craignent les piqûres comme un maléfice. Ils ne me permettent guère que le pansement de plaies extérieures par le permanganate de potasse ou la teinture d'iode. A cela se borne leur confiance dans le sorcier blanc.

— Vous pouvez piquer Mamady, lui dis-je ; on l'a vacciné maintes fois pendant ses huit années de service militaire, dont quatre en France. Il a appartenu aux majors, il vous appartient.

— Il nous échappera plus tard, dit en souriant le docteur, — pessimiste mais des plus gentils, — tandis qu'il emporte un tube plein de sang.

Je suis de l'avis du docteur : je crois que, de retour au pays natal, nul « esprit fort » noir ne peut résister longtemps à l'agrippement des guérisseurs occultes. Il y a déjà aujourd'hui auprès de nous vingt conseilleurs et conseilleuses que Mamma a été chercher.

— Ils veulent me forcer à manger, se plaint le fiévreux. Manger, ce n'est pas bon maintenant. Trois jours, six jours sans manger, c'est mieux ; même quinze jours sans manger, c'est mieux que prendre le riz ou tous les médicaments, comme ils font ici. C'est la vieille femme en pays indigène qui guérit tout, mais moi je n'ai besoin que de rester tranquille.

Mamma pleure parce que son mari ne mange pas et ne prend pas la « poudre blanche » qu'a apportée la vieille femme. Ce n'est pas la première fois que je remarque ce prompt et absurde découragement des Noirs devant la maladie :

— Mamma, explique Mamady, croit que c'est quelqu'un de très méchant qui est en train de me faire mourir, peut-être de loin, par la force d'un grand sorcier. Tous les indigènes pensent comme cela de la maladie. Peut-être que c'est vrai ; mais moi, j'aime rester bien tranquille. Si quelqu'un me veut mort, je mourrai, je m'en fous !

17 *janvier.*

Je suis allée, faute de boy, faire mes commissions moi-même dans les magasins français et, à l'un de mes compatriotes je tente d'expliquer le cas pénible de Mamady qui m'oblige à laisser ma plume et mes pinceaux pour des besognes ménagères. Mais le commis blanc m'arrête avec un geste de pitié gentille :

— Si vous viviez aux colonies depuis longtemps comme moi, comme nous, vous ne vous laisseriez pas traiter avec cette désinvolture par un boy !

— Mais... il est malade...

— Nous connaissons ça !

— Il a eu 40° de température pendant cinq jours et le docteur a craint une fièvre plus grave...

— Oui, oui, ils ont de ces trucs ! Si vous saviez quels simulateurs, ces Noirs ! quelles crapules !

J'ai un moment de stupeur, d'effroi ; puis

je me remets. Pour réfléchir, il faut bien que je me remette et pour me remettre il faut bien que je parle d'autre chose. Nous parlons, le commis et moi, de deux jeunes chats qui jouent dans la boutique et les observations que j'entends, sur ces animaux, témoignent d'humour et de tendresse. Mon interlocuteur est encore jeune et de traits agréables ; vraisemblablement s'il était resté en France, il n'y ferait pas plus mauvaise figure que beaucoup d'autres. Que lui est-t-il donc arrivé ici?

Il ne faut pas se hâter de répondre qu'il est devenu fou, que le climat lui a infligé une déformation repoussante, Non, la négrophobie est trop répandue pour être une tare. Elle doit être, au contraire, une beauté, une santé des hommes conquérants. Elle est même une vertu puisqu'ils mettent à l'étaler tant de hâte, tant de passion ! Cette maudite race noire, plaît ; elle plairait trop aux Blancs s'ils n'y prenaient garde ! Elle trouble par l'originalité, la légèreté, l'intensité de vie de toutes ses formes physiques et intellectuelles.

J'admire donc à la fin la vertu du gentil commis blanc qui refuse à Mamady sa température. Si on se mettait à regarder les nègres dans la colonie, n'est-ce pas? à tâter leur pouls, à écouter leur cœur, que deviendrait-on?

— Défendez-vous bien contre tous ces gens-là, insiste en me reconduisant mon ange gardien ; il n'y en n'a pas, croyez-moi de meilleurs, ni de pires. Moi qui les vois depuis huit ans, je les ai mis tous dans le même sac : c'est plus sûr.

18 *janvier.*

Des cris nous attirent, Mamady remis sur pied et moi, dans la rue qui conduit au poste administratif. C'est une femme que des hommes traînent publiquement et frappent. Je connais cette femme ; elle est venue me voir ; c'est une plaignante qui revient du tribunal. Son cas est banal : son mari étant mort, c'est le frère aîné du défunt qui hérite d'elle et de ses enfants. Comme elle ne veut pas vivre avec ce vieillard, le cadi, qui juge selon la loi coranique, ne peut l'y forcer. Elle peut s'en aller, mais sans un seul enfant ; ou si elle veut se remarier, il faut que son nouvel époux dédommage le vieillard. Or son amant étant pauvre, son légitime tuteur, — pasteur d'un beau troupeau de femmes — a des manières peu élégantes de lui rappeler ses droits. Les spectateurs pourtant n'en semblent pas choqués du tout, pas plus les femmes que les hommes. Plusieurs rient ; cela leur produit exactement l'effet comique du retour forcé en son écurie d'un poulain échappé, maculé de boue et de sang ridiculement, à la suite d'une équipée.

Influencée moi-même par le calme des assistants, je n'ai pas la présence d'esprit d'intervenir. Je regarde aussi la scène en curieuse. Je constate notamment que le bâton dont il est fait usage est assez gros, pareil à ceux dont on frappe les ânes. C'est Mamady qui va, de sa propre initiative, menacer les vieillards.

— Je ne peux pas voir ça, battre la femme comme ils font ici, devant tout le monde, me dit-il à son retour, tout ému. C'est vrai que ce n'est pas beaucoup de Noirs qui ne battent pas leurs femmes un jour, ou un autre jour ; mais quand même, je n'aime pas voir.

Est-il sincère? Je le crois, puisqu'en France les matches de boxe lui répugnaient jusqu'à la nausée ; mais d'autre part il voit agoniser dans ses mains, sans déplaisir, les tourterelles qu'il a blessées. Sa sensibilité trouve des limites bien conventionnelles. La mienne n'en a pas non plus de nettes. Je pense que la nature apprend à s'entre-dévorer d'espèce à espèce distincte, et que les sociétés apprennent à s'entre-dévorer au sein de la même espèce. La hideur est la même. Ce que je viens de voir, n'est qu'une forme moins hypocrite de ce qui se passe chez nous, chez tous les protecteurs de faibles. Les Européens notamment assomment les Africains qu'ils nomment leurs enfants, comme ceux-ci assomment leurs femmes. « Assommons les faibles », eût approuvé Baudelaire. J'ajouterai : surtout en public, ce sera plus propice à leur redressement.

Du 18 au 23 janvier.

Après le tam-tam, un soir, à dix heures, sur la grande place on dresse une petite estrade à chacun des bouts de laquelle un acteur et une actrice noirs se tiennent debout.

Je suis perdue dans la foule des spectateurs qui est très dense ; par chance, un boy de factorerie que je découvre, me traduit la scène. C'est la vie indigène mimée par Guignol. L'homme reproche à la femme de ne lui avoir pas fait sa cuisine. La femme répond qu'elle est malade et, ce disant, pour le prouver, elle met sous son pagne une pièce chiffonnée d'étoffe qui lui fait un ventre énorme. L'homme demande si c'est un enfant. Elle assure que ce sont les bêtes qu'elle a avalées avec l'eau d'un marigot, un jour qu'elle avait trop soif et qui ont grossi. Son mari répond que ce n'est pas vrai, qu'elle n'est qu'une sorcière qui le fait mourir, puisque son ventre à lui devient creux pendant que le sien à elle se renfle, ce qui prouve bien qu'elle le mange, etc... Cela continue longtemps et la foule rit ou se tait selon la chance des improvisateurs. De ces chances je ne peux pas jouir ; ce sont sans doute des jeux de mots intraduisibles ou de comiques obscénités que mon interprète tait par bonne éducation blanche. Je ne peux apprécier que la pantomime et je me convainc que la couleur noire a plus de nervosité et de précision pour la portée des gestes que la blanche, trop irradiée, trop floue. Les ombres chinoises ont déjà prouvé cela ; les acteurs noirs vivants le prouvent mieux encore. La longueur de leurs avant-bras aussi et de leurs mains est très efficace. En revanche leurs visages ne peuvent utiliser que le jeu de lueurs des sclérotiques et des dents : du moins les acteurs que je vois ici ; d'autres, paraît-il utilisent des fards rouges et blancs. C'est légitime. Je rêve d'un théâtre où toutes les couleurs de peau naturelles ou artificielles seraient au répertoire : du noir au blanc en passant par le rouge et le vert, le bleu et le jaune.

Ces derniers jours, les pilons à riz font rage dans tous les carrés. On dirait un grand bruit souterrain de pompes, un peu alarmant. C'est qu'on accumule partout le riz destiné aux fêtes prochaines de la circoncision. Déjà des processions rythmées par les tam-tams y préparent le peuple. Je me laisse emporter un soir par l'une d'elles, le long des avenues. Je voudrais me dégager que je ne le pourrais plus au bout d'une minute ; sa densité s'accroît vite. Bientôt toute la masse populaire de Siguiri a empli la voie et y coule épaisse et lente comme une lave en fusion. Elle coule en exhalant une forte odeur d'indigo, de carité rance, de transpiration, de poussière surtout. La poussière monte par jets d'entre tous ces pieds nus enragés à mordre le sol pour les besoins du rythme. La foule, à la lueur des grandes torches est blanche de poussière à sa base, noire à son sommet sur les fonds d'argile des murailles. Les claquements des mains cinglent mes oreilles par rafales et mes entrailles sont remuées par les roulements des tam-tams. Parmi nous, pris par la coulée, il y a de jeunes enfants, mais personne n'a notion de leur fatigue, pas plus qu'on ne prend notion de ma présence. La foule déjà ne s'appartient plus, n'est plus libre de s'analyser, elle est passive et subjuguée sous le martellement du rythme. La foule est chaude comme une femelle en rut, la foule est chauffée par les rythmes rituels comme est chauffé au rouge le fer que l'on travaille. Quand la foule est en plein délire d'art sensuel, elle est malléable, ductile, comme un métal en fusion, et la vie sociale peut lui faire prendre toutes les formes qu'elle veut. C'est à cela que dans tous les pays servent les fêtes. La société nègre de Siguiri va pouvoir à l'aise modeler la pensée et sculpter les corps de sa jeunesse. Par la circoncision et l'excision, elle va prétendre créer des hommes et des femmes, chasser l'esprit de l'enfance au moment même, ô moquerie ! où elle dévirilisera leurs âmes pour en fabriquer ses moutons. La fraîcheur, la candeur, la pudeur de l'amour seront souillées par les mains fanées que les vieillards poseront sur le sexe en guise de sacrement. Mais les circoncis et les circoncises ne le verront pas, ne le sauront pas, car on les a aveuglés au préalable en leur inspirant l'envie d'être stoïques. Ils seront glorieux demain d'avoir subi le couteau sans une plainte. L'orgueil d'être des héros, tel est le hochet puéril que les magiciens, que les demi-dieux, jettent à leurs dupes.

Le 23 janvier.

Mamady à qui j'ai donné un congé de convalescence, s'est embarqué hier avec sa femme. Je les retrouverai à Kissidougou dans deux mois. Je vais naviguer à mon tour en sens inverse sur le Niger, vers Bamako.

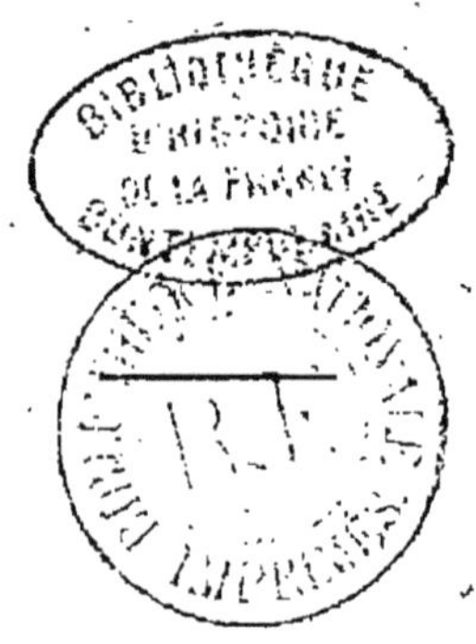

TABLE DES MATIÈRES

Pages

DEUX RÉPONSES. 7

DAKAR. 13

CONAKRY 50

DE CONAKRY AU NIGER. 113

KOUROUSSA 152

KANKAN 174

VERS LE SOUDAN 199

SIGUIRI. 227

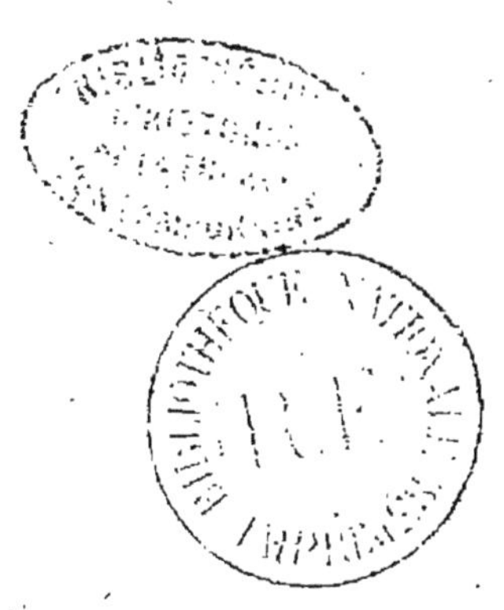

ACHEVÉ D'IMPRIMER
POUR F. RIEDER ET Cie
PAR FLOCH, A MAYENNE,
EN AVRIL 1925.

www.ingramcontent.com/pod-product-compliance
Ingram Content Group UK Ltd.
Pitfield, Milton Keynes, MK11 3LW, UK
UKHW022011170726
13837UKWH00001B/115